综合能源服务技术与商业模式

国网天津市电力公司电力科学研究院
国网天津节能服务有限公司 组编

ZONGHE NENGYUAN FUWU JISHU
YU SHANGYE MOSHI

中国电力出版社
CHINA ELECTRIC POWER PRESS

内 容 提 要

综合能源系统是城市能源互联网的主要组成要素。本书立足综合能源服务发展状况和综合能源服务的特点，基于相关技术原理和商业模式，结合实际案例分析，系统地展示了综合能源服务的全过程，为综合能源服务的顺利实施提供强有力的理论支撑。

本书共六章，主要内容包括综合能源服务发展概述、综合能源规划与评估技术、综合能源信息服务平台、综合能源优化运行技术、综合能源服务商业运营与管理以及案例。

本书为各地政府节能主管部门、相关企业、行业协会的研究人员以及广大的综合能源服务产业的工作者系统地、全面地了解综合能源服务的关键技术具有丰富的参考价值。

图书在版编目（CIP）数据

综合能源服务技术与商业模式 / 国网天津市电力公司电力科学研究院，国网天津节能服务有限公司组编. —北京：中国电力出版社，2018.1（2018.4 重印）

ISBN 978-7-5198-1481-6

Ⅰ.①综… Ⅱ.①国… ②国… Ⅲ.①能源经济－商业模式－研究－中国 Ⅳ.① F426.2

中国版本图书馆 CIP 数据核字（2017）第 291707 号

出版发行：中国电力出版社
地　　址：北京市东城区北京站西街 19 号（邮政编码 100005）
网　　址：http://www.cepp.sgcc.com.cn
责任编辑：崔素媛（cuisuyuan@gmail.com）
责任校对：马　宁
装帧设计：张俊霞（版式设计和封面设计）
责任印制：杨晓东

印　刷：北京博图彩色印刷有限公司
版　次：2018 年 1 月第一版
印　次：2018 年 4 月北京第二次印刷
开　本：710 毫米 ×980 毫米　16 开本
印　张：12.5
字　数：190 千字
印　数：3001—5000 册
定　价：68.00 元

编委会

编写组

主　编　卢　欣

副主编　李　民　解　岩　朱伯苓

参　编　张　超　陈　彬　孙　哲　吴明雷

石　枫　张　剑　韩慎朝　刘裕德

杨延春　于　波　吴　亮　张　凡

郭晓丹　隋淑慧　孙学文　王翠敏

李思维　张　鹏

前　言

能源安全是关系国家经济社会发展的全局性、战略性问题，对国家繁荣发展、人民生活改善、社会长治久安至关重要。面对能源供需格局新变化、国际能源发展新趋势，习近平总书记主持召开的中央财经领导小组第六次会议上，再次提出要加大力度推进能源革命，主要包括能源消费革命、供给革命、技术革命和体制革命，从根本上转变我国的能源战略，保障我国的能源安全。

根据当今世界的能源发展趋势，为解决化石燃料的逐渐枯竭及其造成的环境污染问题，国家电网公司提出全球能源互联网的理念，其是以新能源技术和信息技术深入结合为特征的一种新的能源利用体系。城市能源互联网是全球能源互联网的主要构成单元和承接节点，是提高能源利用效率、优化能源资源配置、提供智能能源服务、推动城市能源消费的绿色低碳化发展的重要方式。

综合能源系统是城市能源互联网的主要组成要素。综合能源服务包含两个方面的内容：一是涵盖电力、燃气和冷热等系统的多种能源系统的规划、建设和运行，为用户提供“一站式、全方位、定制化”的能源解决方案；二是综合能源服务的商业模式，涵盖用能设计、规划，能源系统建设，用户侧用能系统托管、维护，能源审计、节能减排建设等综合能源项目全过程。

针对我国的综合能源服务发展状况和综合能源服务实施过程中遇到的实际问题，国网天津市电力公司组织国网天津节能服务有限公司的专业技术人员撰写了本书，全面分析了国内外综合能源服务发展现状和未来发展前景，明确了综合能源服务的战略意义，梳理并深入探讨了综合能源服务的关键技术，包括规划评估技术、信息服务技术、优化运行技术以及商业运营模式。工程案例分析更是从项目概况、技术方案、建设管理、商业模式以及效益分析等方面进行分析，以使读者对综合能源服务的关键技术和服务全过程有一个系统、全面、直观的理解。

在本书编写过程中得到了来自各方面的协助与支持，多位国家电网公司领导与专家提出了宝贵的意见和建议，多家综合能源服务厂商与项目合作单位为资料收集提供了大力支持，在此一并表示衷心的感谢。

希望本书的出版能对我国的综合能源服务产业发展有所裨益。限于编者水平，书中难免有不足之处，望广大读者批评指正。

编　者

2017 年 10 月

目 录

第一章 综合能源服务发展概述

1.1 综合能源系统概述

1.1.1 城市能源互联网

一、城市能源互联网

能源互联网是一种结合新能源技术和信息技术的新型能源利用体系，其目的是解决化石燃料的逐渐枯竭及其造成的环境污染问题。能源互联网是从能源生产、输送、配给、转化和消耗等方面构建一套完整的未来能源体系：在发、输环节通过特高压、交直流输电技术对能源的跨洲域互联进行战略布局，构建全球能源互联网。而在配、用环节利用电、气、冷、热等能量的相互转化和替代来构建城市能源互联网。目前，全球能源互联网理念已形成广泛共识，成为推进能源绿色低碳发展、保障能源可持续供应的重要解决途径。城市能源互联网将承接和融入全球能源互联网，实现更大范围的城市能源资源配置，实现城市能源清洁化、电气化、智能化和互联网化转型升级。

城市能源互联网是以电为中心的城市各类能源互联互通、综合利用、优化共享的平台。构建城市能源互联网，实现能源结构由高碳到低碳、能源利用由低效到高效、资源配置由局部平衡到大范围优化配置、能源服务由单向供给到智能互动的转变，有效推动城市能源消费的绿色低碳发展。

城市能源互联网是全球能源互联网、中国能源互联网在城市地区的承接节点和重要支撑。构建城市能源互联网，将解决城市能源电力就地平衡的瓶颈，促进各类能源与电能转换，提高清洁能源在供给侧和电能在消费侧的使用比重，优化城市能源结构，提高能源利用效率，促进清洁能源开发利用，最终实现城市能源消费的基本无碳化。如图 1–1 所示为城市能源互联网结构图。

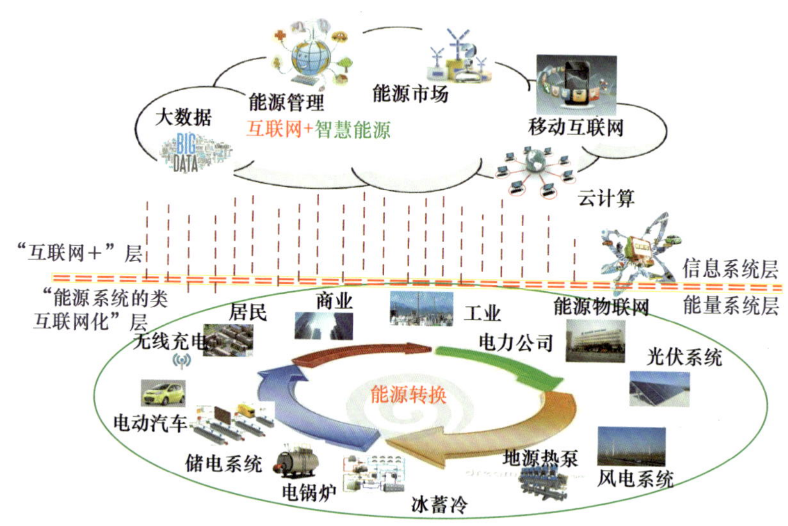

图 1–1　城市能源互联网结构示意图

二、城市能源互联网特征

能源系统的类互联网化表现为互联网理念对现有能源系统的改造，其目的是使得能源系统具有类似于互联网的某些优点。能源系统的类互联网化主要表现为以下三点：多能源开放互联、能量自由传输和开放对等接入。

1. 多能源开放互联

打破传统的电、热、冷、气、油、交通等用能行业的壁垒，实现多能源综合利用，并接入太阳能、地热能等多种可再生能源，形成开放互联的综合能源系统，如图 1–2 所示。

2. 能量自由传输

能量的自由传输表现为：远距离低耗（甚至零耗）大容量传输、双向传输、端对端传输、选择路径传输、大容量低成本储能、无线电能传输等，如图 1–3 所示。

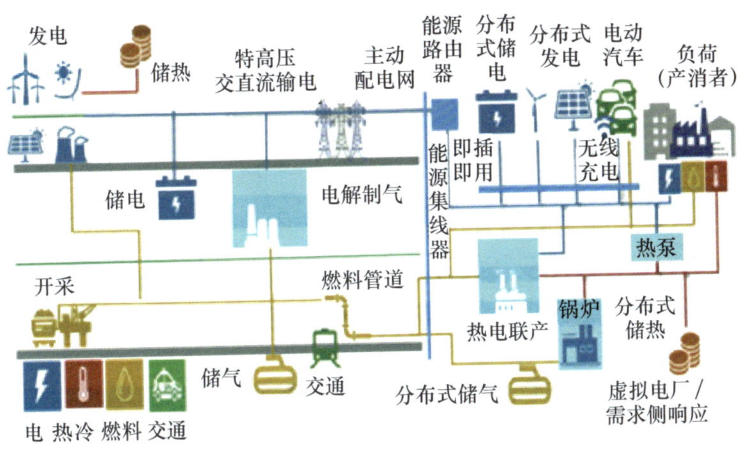

图 1–2　多能源开放互联特点

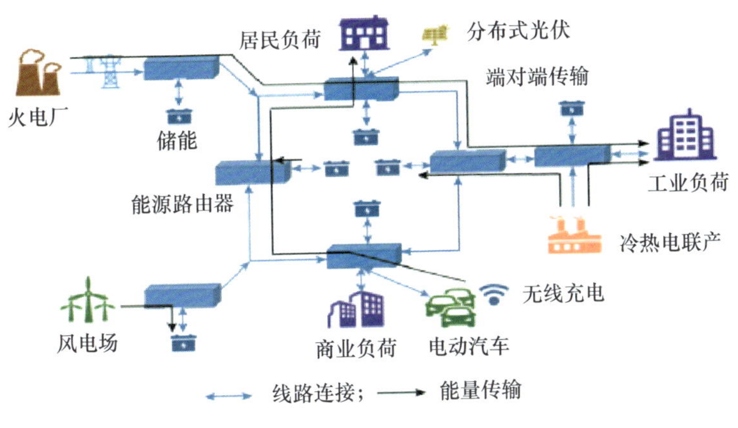

图 1–3　能量自由传输示意图

3. 开放对等接入

在互联网中，不同设备可以开放对等接入，做到即插即用，使得用户的使用非常便捷。但是在现有的能源网络里，负荷侧可以做到即插即用，而源端（物理设备或者系统，如微电网等）完全自如的开放对等接入需要控制端及主网都要有很强的协调控制及兼容能力。在“互联网 +”智慧能源中，产消者将是能源交易和分享的主体，源的开放对等接入可为产消者的大量出现提供保障，并支撑需求侧响应和虚拟电厂等各类应用，如图 1–4所示。

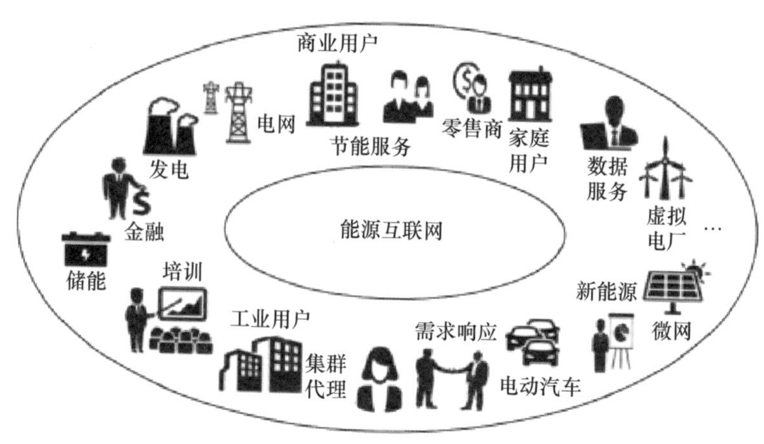

图1–4　开放对等接入示意图

三、城市能源互联网体系

城市能源互联网是一套完整的能源生态系统，其中包括能源供给、能源需求响应、传输、形式转换、数据应用、信息管理以及运行调度控制等。在能源互联网中能源供给和消费的形式更为多样化，相互之间的转换也更为灵活多变。城市能源互联网的体系架构和核心技术包括以下内容。

（1）主动参与能源消费一体化。通过分布式能源的推广，来实现对产用一体化的能源市场主体的孕育，从而得到更大的自主权和市场平等地位。

（2）支持能源广泛传输的配电网。分布式发电存在的高渗透率特点使得配电网的潮流能够双向流动，配电网调节控制手段必须适应区域内电网的潮流优化以及区域间、能源间的调配和互补。

（3）综合大数据融合与多元应用。由于不同能源形式的差异，网络的可观性和可控性需要依托广泛的信息量测，在其之上进行不同形式数据的汇集、整理、挖掘分析并形成相关数据应用。

（4）多源协同运行管理与应用服务。利用储能、储热、风光功率预测及互联网技术，通过“区域自治，分层优化”的系统运行模式实现多种能源融合运转，确保城市运行综合能效的最大化。

1.1.2 分布式综合能源系统

1. 概述

分布式能源系统直接面向用户，按用户的需求就地生产并提供能量，能够将热、电充分利用，能够集成应用多种能源，能够执行更严格的排放标准，能够提高能源安全，典型分布式综合能源能系统如图1-5所示。

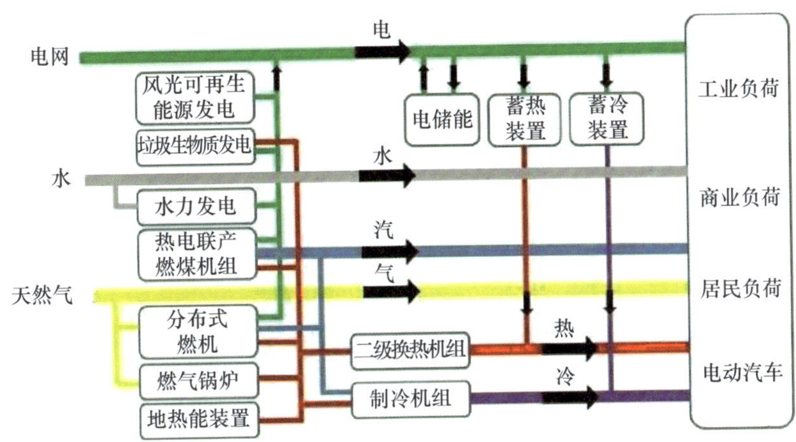

图1-5　典型分布式综合能源系统示意图

以常见的热电联产技术说明分布式综合能源系统的能效。图1-6可以看出，热电联产利用了热电分产中发电排走的热量，热电联产比热电分产综合能源利用效率提高21%。而且，综合能源系统能利用天然气等清洁能源和可再生能源替代化石燃料，是主要的节能减排技术，近年来在国际上得到迅速发展。

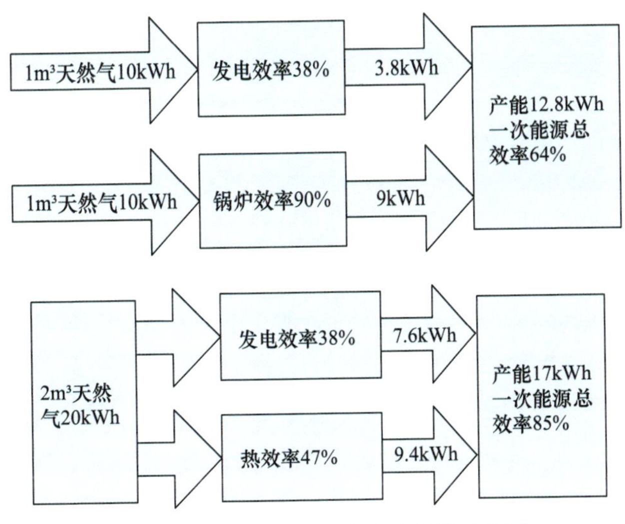

图1-6　热电联产和热电分产能效示意图

2. 发展历程

分布式能源系统至今已发展三代。

第一代是传统的热电联产，即热电厂模式。单一燃料输入、热和电输出、单一中心能源站、发电机规模在300MW及以下，电力上网，蒸汽或高温水输出，输送半径10~20km，这种系统称为“靠近用户”。

第二代是城区或楼宇的冷热电多联产，即冷热电三联供模式。清洁燃料输入、多种形式能源输出、单一中心能源站，由于需要供冷，输送半径必须控制在1km以下，发电机规模在50MW以下，电力并网或上网，热水和冷水输出，称之为“接近用户”。

第三代是分布式多能源品种发电，多种形式能源（热、电、冷、热水）输出，电力驱动热泵，以能源总线集成热源和热汇。每一栋建筑既产能也用能或蓄能，形成多个产能节点，通过能源互联网共享资源，称之为“贴近用户”。

随着互联网、物联网、云技术、储能技术、大数据、智能电网以及先进的能源管理技术的发展，“互联网+”智慧能源逐渐成为分布式能源系统的新形态，如图1-7所示。“互联网+”智慧能源下的分布式能源系统是一种互联网与能源生产、传输、存储、消费以及能源市场深度融合的能源产业发展新形态，具有设备智能、多能协同、信息对称、供需分散、系统扁平、交易开放等主要特征。传统能源系统与互联网信息技术的融合，必将产生全新的供能、用能、储能模式。

3. 特征

“互联网+”模式下的分布式能源系统具有以下三个方面的特征：

（1）结合多种能源形势，根据用户需求提供定制化能源供应方案，同时可以模块化、套餐制设计不同用能需求情况下的能源供给。

（2）多种能源网络互联互通，相互融合转化的智慧能源网络系统，利用层级之间的优化协调算法，实现不同级别、不同功能、不同优化方案的全方位的能源优化协调控制。

（3）将互联网应用中的大数据、云服务、物联网、移动互联等技术与传统能源网络相连接，实现能源网络和信息网络的互联互通，实现不同能源类型、不同信息系统的协同管理。

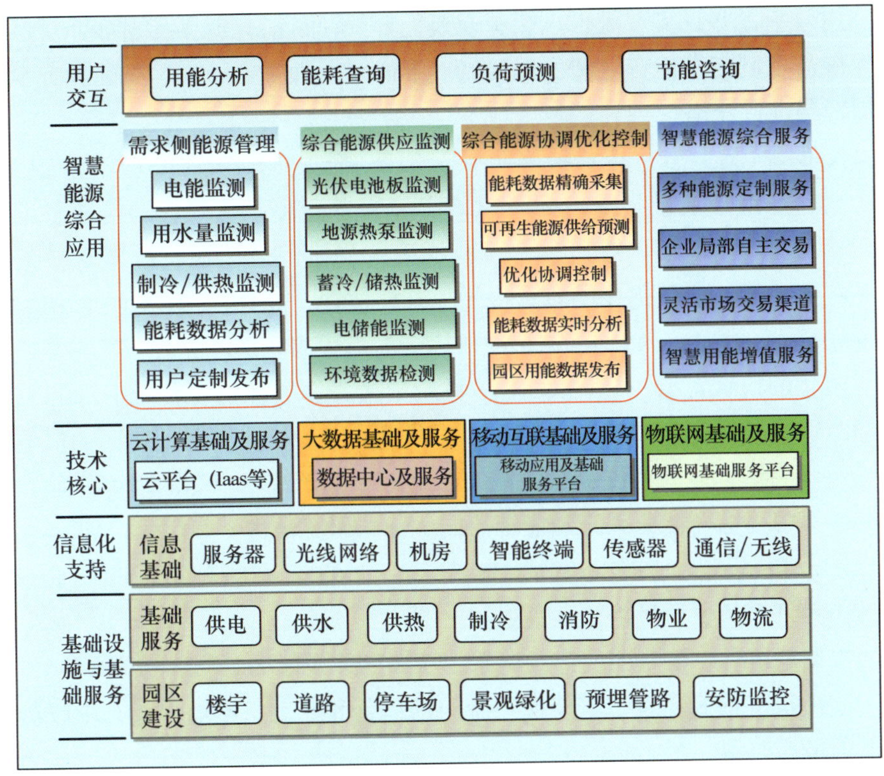

图1-7　互联网+模式下的分布式能源系统

1.2　综合能源服务国内外发展现状

1.2.1　国外综合能源服务发展现状

一、国外典型国家综合能源服务发展现状

传统能源服务起源于20世纪中期的美国，主要是为了对现有的建筑进行节能服务，其主要商业模式是合同能源管理。随着社会的发展，基于分布式能源的能源服务在美国出现，主要针对新建项目进行热电联供、光伏、热泵、生物质等可再生能源利用技术的推广，其融资额度更大，商业模式更加灵活。随着互联网、大数据、云计算等技术出现，融合清洁能源与可再生能源的区域微电网技术的新型综合能源服务模式开始诞生。综合能源服务能够提升能

源利用效率，并且实现可再生能源规模化开发，目前，世界各国都针对各自的发展需求制定了综合能源发展战略。下面对欧洲主要国家、美国和日本的发展情况进行介绍。

1. 欧洲

欧洲是世界上最早提出并且付诸实施综合能源系统概念的区域。早在欧盟第五框架（FP5）中，虽然没有明确的界定综合能源系统概念，但是已经将有关能源协同优化的研究提到了首要位置，如DG TREN（Distributed Generation Transport and Energy）项目综合考虑可再生能源综合开发与交通运输清洁化的协调配合；ENERGIE项目希望通过多种能源（传统能源和可再生能源）协同优化和互补，以实现未来替代或减少核能使用；Microgrid项目研究用户侧综合能源系统，目的是实现可再生能源在用户侧的友好开发。在后续框架中，综合能源系统和能源协同优化的研究被进一步深化，Microgrids and More Microgrids（FP6）、Trans-European Networks（FP7）、Intelligent Energy（FP7）等许多重要项目也相继实施。

根据Utilities UK集团的市场调研，欧洲已经涌现出上千家能源服务公司。对于欧洲很多国家而言，其能源系统间的耦合和互动急剧增强，其中以英国和德国最为典型。

英国的企业更加关注对能源系统间能量流的集成。英国的电力通过高压输电线路、燃气网络通过燃气管道同欧洲大陆的能源网络相连。为此，建立一个安全和可持续发展的能源系统是英国政府一直所关注的问题。在英国，对于社区的分布式综合能源系统，政府也投以巨大的支持，例如英国的能源与气候变化部DECC和英国的创新代理机构Innovate UK（以前称为TSB）与企业合作资助了大量区域综合能源系统的研究和应用。

同英国相比，德国的相关企业对能源系统和通信信息系统间的集成问题更为关注，其中的一个标志性项目是E-Energy，在2008年选择了6个试点地区，开展为期4年的E-Energy技术创新促进计划，包括智能发电、智能电网、智能消费和智能储能4个方面。该项目旨在推动其他企业和地区积极参与建立以新型信息通信技术（ICT）、通信设备和系统组成的高效能源系统，以最先进的调控手段来应付日益增多的分布式电源与各种复杂的用户终端负荷。通过智能区域用能管理系统、智能家居、储能设备、售电网络平台等多种形式试点，E-Energy最大负荷和用电量均减少了10%~20%。此外，在E-Energy

项目实施以后，德国政府还推进了IRENE、Peer Energy Cloud、ZESMIT和Future Energy Grid等项目。

2. 美国

在管理机制上，美国能源部作为对各种能源资源最高主管部门，需要制定相关的能源政策，美国的能源监管机构主要负责政府能源政策的落实，抑制能源价格的无序波动。在此管理机制下，实现了美国各类能源系统间良好的协调配合，保证了美国的综合能源供应商的发展，如美国太平洋煤气电力公司、爱迪生电力公司等综合能源供应商。

在技术上，美国对综合能源相关理论技术投入大量的人员进行研发。美国能源部在2001年就提出了综合能源系统（Integrated Energy System，IES）发展计划，目的是为了提高清洁能源供应与利用比重，从而使社会供能系统的可靠性和经济性得到进一步提高，在IES计划中重点是促进对分布式能源（DER）和冷热电联供（CCHP）技术的进步和推广应用。

2007年12月美国颁布能源独立和安全法（EISA），明确要求社会主要供用能环节必须开展综合能源规划（Integrated Resource Planning，IRP）；奥巴马总统在第一任期，就将智能电网列入美国国家战略，以期在电网基础上，构建一个高效能、低投资、安全可靠、灵活应变的综合能源系统，以保证美国在未来引领世界能源领域的技术创新与革命。在需求侧管理技术上，美国包括加州、纽约州在内的许多地区在新一轮电力改革中，明确把需求侧管理提高电力系统灵活性作为重要方向。

3. 日本

日本的能源严重依赖进口，因此在亚洲日本是最早开展综合能源系统研究的国家。2009年9月日本政府公布了其2020、2030和2050年温室气体的减排目标，并且提出了大力构建覆盖全国的综合能源系统，从而实现对能源结构的优化和能效的提升，同时促进可再生能源规模化开发。在政府的大力推动下，日本主要的能源研究机构都开展了此类研究，并形成了不同的研究方案，如由NEDO于2010年4月发起成立的JSCA（Japan Smart Community Alliance），主要致力于智能社区技术的研究与示范，该智能社区是在社区综合能源系统（包括电力、燃气、热力、可再生能源等）基础上，实现与交通、供水、信息和医疗系统的一体化集成。Tokyo Gas公司则提出更为超前的综合能源系统解决方案，在传统综合供能（电力、燃气、热力）系统基础上，还将建设覆盖全社会的氢能供应网络，构成包含能源网络的终端，不同的能源使用设备、能源转换和存储单元的终端综合能源系统。

二、国外综合能源服务典型案例

1. 德国RegModHarz项目

RegModHarz项目位于德国的哈慈山区，主要包括2个光伏电站、2个风电场、1个生物质发电，共86MW装机容量。RegModHarz项目的目标是实现对分布式风力、太阳能、生物质等可再生能源发电设备与抽水蓄能水电站的协调，令可再生能源联合循环达到最优利用。其核心示范内容是在用电侧整合了储能设施、电动汽车、可再生能源和智能家用电器的虚拟电站，包含了诸多更贴近现实生活的能源需求元素。RegModHarz项目主要措施有：

（1）建立家庭能源管理系统。家电能够“即插即用”到此系统上，并且管理系统能够根据电价决策家电的运行状态，根据用户的负荷也可以追踪可再生能源的发电量变化，实现负荷和新能源发电的双向互动。

（2）配电网中装设了10个电源管理单元，通过对节点的电压和频率等运行指标进行监测，来定位电网的薄弱环节。

（3）光伏、风机、生物质发电、电动汽车和储能装置共同构成了虚拟电厂，参与电力市场交易。

RegModHarz项目的典型成果也包含3个方面：

（1）开发设计了基于Java的开源软件平台OGEMA，对外接的电气设备实行标准化的数据结构和设备服务，可独立于厂商支持建筑自动化和能效管理，能够实现负荷设备在信息传输方面的“即插即用”软件架构。

（2）虚拟电厂直接参与电力市场交易，丰富了配电网系统的调节控制手段，为分布式能源系统参与市场调节提供了参考。

（3）基于哈慈地区的水电和储能设备调节，很好地平抑了风机、光伏等功率输出的波动性和不稳定性，有效论证了对于可再生能源较为丰富的特区，在区域电力市场范围内实现100%的清洁能源供能是完全可能实现的。

2. 美国OPower能源管理公司经营模式

OPower公司通过对公用事业企业的能源数据以及其他各类第三方数据进行深入分析和挖掘，进而为用户提供一整套适合于其生活方式的节能建议。截至2015年10月，根据OPower网站上的动态信息，其已累计帮助用户节省了82.1亿千瓦时的电力，节省电费10.3亿美元，减排二氧化碳121.1亿磅。其主要的经营内容包括：

（1）提供个性化的账单服务，清晰显示电量情况。OPower公司利用云平台，结合大数据和行为科学分析，进一步拓展电力账单的功能。一方面，具体针对用户家中制冷、采暖、基础负荷、其他各类用能等用电情况进行分类，通过柱状图实现当月电量信息与前期对比，使用电信息一目了然；另一方面，提供相近区域用户耗能横向比较，对比相近区域内最节能的20%用户耗能数据，即开展邻里能耗比较。采用多种方式同用户沟通，包括传统的纸质邮件，到短消息、电子邮件、在线平台等，来加强与用户的交流反馈。

（2）基于大数据与云平台，提供节能方案。OPower基于可扩展的Hadoop大数据分析平台搭建其家庭能耗数据分析平台，通过云计算技术，实现对用户各类用电及相关信息的分析，建立每个家庭的能耗档案，并在与用户邻里进行比较的基础上，形成用户个性化的节能建议。这种邻里能耗比较，充分借鉴了行为科学相关理论，将电力账单引入社交元素，与“微信运动”的模式十分类似，为用户提供了直观、冲击感较强的节能动力。

（3）构建各方共赢的商业模式。虽然OPower的目标是为用户节电，但其自我定位是一家“公用事业云计算软件提供商”，其运营模式并不是B2C模式（企业对终端消费者），而是B2B模式（企业对企业）。电力企业选择OPower，购买相关软件，并免费提供给其用户使用。OPower为用户提供个性化节能建议，同时也为公用电力公司提供需求侧数据，帮助电力公司分析用户电力消费行为，为电力公司改善营销服务提供决策依据等。

3. 日本东京电力公司经营模式

（1）根据用户类型制定差异化的服务策略。将用户分为大客户和居民客户两类。针对大客户，服务内容包括：①为客户提供各种电价方案和电气设备方案的优化组合；②向客户提供电力、燃气、燃油最佳能源组合方案；③提供全方位的节能协助服务，帮助客户改进设备，实现节能目标；④兼顾包括通信在内的建筑物设备设计、施工、维护等全方位设计服务。针对居民客户，东京电力公司将其需求定位为：舒适性、节能、环保、安全、经济。为此，东京电力公司确定了对居民客户的营销策略，即推广IH炊具（一种高效的用电炊具）、节能热水器等高效电气产品构成的“全电气化住宅”。

（2）利用多种手段帮助用户节能。一方面为用户提供节能服务，提供包括节能诊断、解决方案、维护设备及运营管理等服务。另一方面通过智能电能表、通信网络与服务器建立智能用电系统，引导用户错峰用电。

（3）注重技术研发，提高能源效率。公司设有技术开发研究所，对智能家居、建筑节能、电动汽车等开展研究。在智能家居领域，东京电力公司研究将电动汽车接入智能家居控制系统，根据系统供电负荷情况以及预设方案进行充电或放电。此外，还利用地源热泵、太阳能发电等技术，并通过储能和监控设备对室内环境温度进行调节，电器用电情况及环境状态也将被纳入统一监控，以此实现家居用能的集中调节及优化。

1.2.2 国内综合能源服务发展现状

一、国内综合能源服务的总体概况

目前，国内综合能源服务尚处于起步阶段。开展能源服务的企业类型包括售电公司、服务公司和技术公司等。国内典型的综合能源服务供应商有南方电网综合能源有限公司、广东电网综合能源投资有限公司、华电福新能源股份有限公司、新奥泛能网、协鑫分布式微能源网、远景能源、阿里云新能源等。

区域能源互联网概念目前较为热门，而它的实质是多能互补基础上的综合能源服务，其发展路径可分为两类：一类是产业链延伸模式，如新奥、协鑫和华电的发展模式：新奥是以燃气为主导，同时往燃气的深度加工——发电、冷热供应方向发展；协鑫以光伏、热电联产为主导，同时往天然气、智慧能源布局；另一类是售电+综合服务模式，是将节能服务或能效服务等增值业务整合在一起的能源服务，相比于前一种模式对其产业基础要求较低。

二、国内的相关支持政策

2015年，国务院发布《关于进一步深化电力体制改革的若干意见》，明确提出，鼓励专业化能源服务公司与用户合作或以“合同能源管理”模式建设分布式电源。

2015年7月，国务院印发《关于积极推进“互联网+”行动指导意见》提出“互联网+”智慧能源行动。2016年2月，国家发展和改革委员会等联合印发《关于推进“互联网+”智慧能源发展的指导意见》。同年6月，国务院常务会议审议国家能源局《关于实施“互联网+”智慧能源行动的工作情况汇报》。

2016年7月4日，国家发展和改革委员会、国家能源局《关于推进多能互补集成优化示范工程建设的实施意见》，强调了创新管理体制和商业模式。

2016年7月26日，国家能源局发布《关于实施“互联网+”智慧能源示范项目的通知》，鼓励在工业园区或者开发区等，推动绿色能源的灵活自主微平衡交易，开展化石能源互联网交易平台试点，开展分布式电源直供负荷试点，在试点区域内探索过网费标准和辅助服务费标准、交易监管等政策创新。

2017年1月25日，国家发改委、能源局发布《关于公布首批多能互补集成优化示范工程的通知》，首批多能互补集成优化示范工程共安排23个项目，其中，终端一体化集成供能系统17个、风光水火储多能互补系统6个。这是从上报申请的261个项目中选择了23个。

2017年2月7日，国家能源局发布《微电网管理办法（征求意见稿）》。提出，通过城镇电网建设改造、智能电网等现有专项建设基金项目，加大微电网建设的资金支持力度。鼓励地方政府和社会资本合作（PPP），以特许经营等方式开展微电网项目的建设和运营。

三、综合能源服务主要企业的商业模式

1. 南方电网综合能源有限公司的商业模式

南方电网综合能源有限公司是国内成立较早、也是比较典型的能源服务公司。该公司于2010年底成立，是南方电网公司的控股子公司，节能减排业务是其最传统的业务，项目主要集中在南方电网辖区内。其商业模式具体如图1–8所示。

2. 广东电网向综合能源服务提供商转型

广东电网公司于2016年在综合能源服务方面积极开展探索实践。以珠海金湾东增量配网试点项目、顺德西部工业园为切入点，拓展分布式能源、多能联供、水气电热多表集抄等园区综合能源服务。2017年2月，广东电网综合能源投资有限公司在广州正式挂牌成立，新成立的综合能源投资公司增加综合能源、增量配电网建设与投资、分布式能源、电动汽车投资与运营、市场化售电、能效服务等六个新兴业务经营模块，为广东电网开展综合能源业务搭建投资、运行、管控平台。

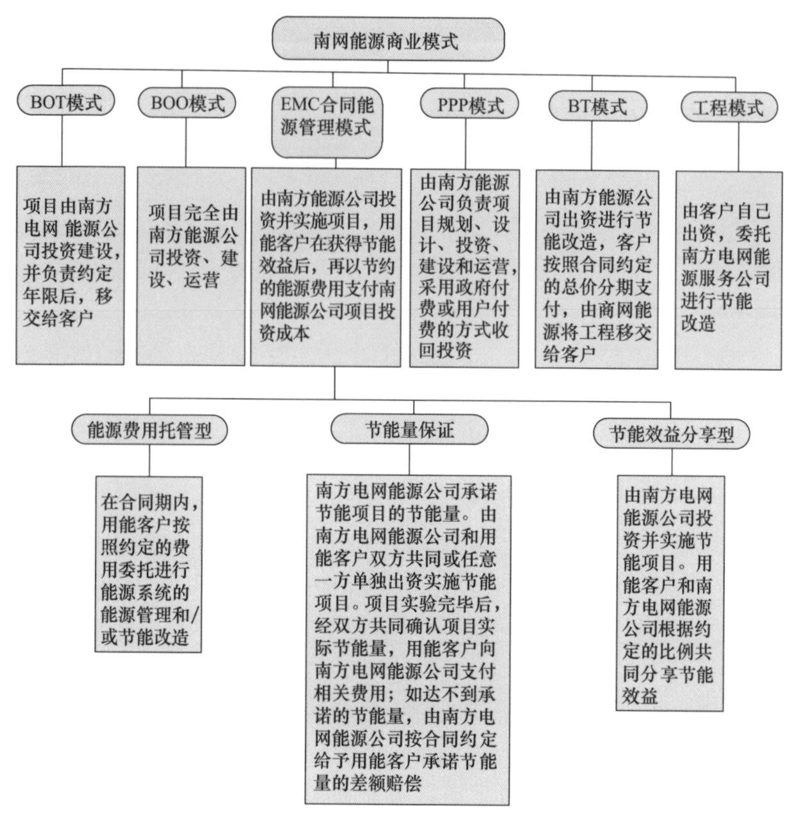

图1–8　南方电网能源服务商业模式

3. 新奥泛能网运作模式

新奥的泛能网以及协鑫的分布式微能源网都是属于区域能源互联网形式。新奥的泛能网将冷热、燃气结合起来，开发冷热电联产项目，将燃气、冷、热、电一起销售给用户。1992年新奥开始从事城市燃气业务，目前已形成新奥能源、能源化工、太阳能源、智慧能源、技术工程等相关多元化产业。

2012年新奥提出泛能网概念，做过的分布式能源项目有湖南长沙黄花机场项目（商业模式如图1–9所示）、株洲神农城项目、江苏盐城亭湖医院项目等。泛能网的投资需求较为单一，主要来源于设备投资，根据用能需求，规划燃气发电机组，溴化锂余热利用机组以实现多品味的余热利用等。

新奥规划的泛能网项目市场着眼于工商业园区、用能企业、建筑等。其中，青岛胶东国际机场项目是新奥自长沙黄花机场后，落地的第二个机场泛能网项目。公开资料显示，该项目采用BOT模式，新奥、青岛机场、华润青岛公司分别投资7000万、8000万与5000万元。在整个山东区域，新奥已有20多个大大小小的泛能网潜在客户。

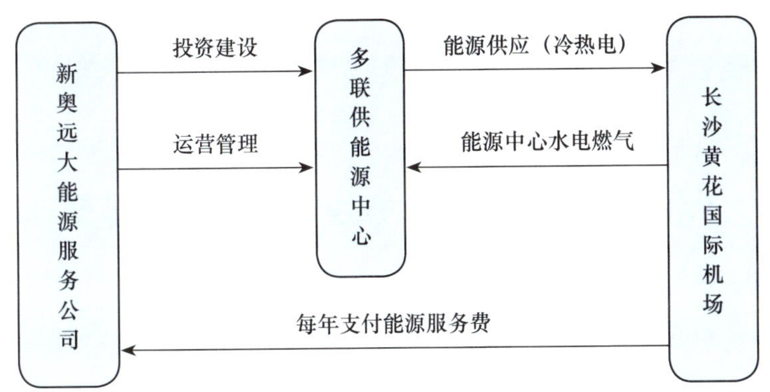

图1-9　长沙黄花机场商业模式

4. 协鑫分布式微能源网运作模式

协鑫的分布式微能源网按照“六位一体”模式实施：将天然气热电冷系统、光伏发电、风能发电、储能技术、节能技术、低位热能结合为一体，提供多种能源服务。但是目前这种分布式微能源网受燃气价格和电力价格的影响因素较大，使得此类项目推进较为缓慢。银行今年还会继续支持这种类型的项目，但这种项目，现在受制于三个方面：一是气价过高，二是主设备进口初期投资大，三是工业电力需求逐年下滑。此外，并非每个项目都会运行很好，因此银行的风险控制部门也很谨慎。

5. 远景能源互联网+能源运作模式

互联网+能源分为两种模式：一种是互联网+新能源发电，如远景与华为、木联能等合作形式，通过信息化技术包括大数据、云计算和数据挖掘等手段达到系统优化、资源优化配置、高效运行的目的；另一种是互联网+能源，如国家电网、中石油与BAT的合作形式，主要是利用国家电网或中石油信息渠道和数据入口获取用户信息，进行深度的商业模式的创新与拓展。

6. 阿里云新能源解决方案

阿里能源云，是为新能源行业提供丰富的专业化云端业务与技术解决方案，帮助能源运营商、服务商快速搭建标准化或定制化商业平台，实现业务应用的灵活开发与落地，构建能源互联新生态。阿里云综合能源服务云方案已经运营上线，其业务模式通过大数据云计算，制定综合能源服务的解决方案。阿里云综合能源服务云方案，以“厚平台、微应用”方式，快速构建节电节能、电力需求侧、微电网一体化、能源交易等生态化应用。阿里云业务包括：①迅速构建数字化的光伏电站；②新能源电场规划/投资收益预测；③快速构建电动汽车分时租赁系统；④按规模精益建成电动车联网；⑤利用大数据做精准能效管理；⑥构建轻量级运营数据大屏。

1.3 综合能源服务发展前景与展望

特高压输电、智能电网、“互联网+”等先进技术和理念为能源互联网的建设提供了技术保障。在源端，特高压交直流输电技术实现了大电网的广泛互联和清洁能源的跨区输送；在终端，主动配电网、多能源集成互补等技术的发展也为终端能源的智能化调度和综合利用奠定了基础。与此同时，分布式清洁能源发电技术、储能技术以及以物联网、大数据和云计算为代表的信息技术的发展，也支撑着各种能源形式的普遍互联和方便舒适的用能体验。

能源互联网分为三个层次：全球能源互联网、城市能源互联网和园区级能源微电网。全球能源互联网是能源互联网的宏观形态，是以特高压为骨干网架，全球互联的坚强智能电网，是清洁能源在全球范围内大规模开发、配置、利用的平台；城市能源互联网是能源互联网的微观形态，整合电力系统、燃气系统、热力系统、信息系统等各方数据，是以电为中心的城市各类能源互联互通、综合利用、优化共享的平台；园区级能源微电网是能源互联网的终端形态，以分布式清洁能源发电、地源(水源)热泵、大规模蓄热(冷)等技术为核心，是冷、热、电、气等能源形式综合利用的平台。能源互联网的展望可以从全球能源互联网、城市能源互联网和园区级能源微电网三个层次上分别进行考虑。

一、全球能源互联网

1. 特高压交直流输电网架日趋完善

特高压交直流输变电技术、特高压海底电缆技术以及特高压灵活输电技术为电网跨洲互联提供了技术支撑。根据规划，2020年，将完成洲内重点跨国输电通道的建设，提升各国资源配置能力和智能化水平；2030年，实现洲内跨国电网互联，使清洁能源在洲内大规模、大范围、高效率优化配置；2050年，建设跨洲特高压骨干网架，实现各洲、各国电网互联互通，基本建成全球能源互联网。

2. 实现高比例可再生能源接入

我国即将步入可再生能源大规模集群并网、高渗透率分散接入并重的发展阶段，电力系统形态将发生巨大变化。根据预测，到2050年，我国将实现风电装机24亿千瓦、实现太阳能发电装机27亿千瓦，风力发电和太阳能发电合计为9.66万亿千瓦时，占全部发电量的64%，风力发电、太阳能发电成为未来绿色电力系统的主要电力供应来源。在此情景下，我国经济发展方式、电源结构优化、节能减排技术乃至生活方式引导方面均有重大改观，经济社会发展与能源、环境之间达到较和谐的发展水平。

3. 特大型电网安全稳定运行

随着大规模风能、太阳能等清洁能源比例的增加，这部分可再生能源电站出力的不可控性、波动性和随机性必将给电网调度带来不少压力。电网稳定特性变得更加复杂，可再生能源大规模接入远距离传输对于电网调度提出了新的挑战。需要进一步研究特大型交直流混合电网安全稳定运行技术，电网故障诊断、恢复及自动重构技术，全面提升大电网对连锁故障、极端灾害天气或外力破坏的防御能力。

二、城市能源互联网

1. 多能协同与多网融合规划建设

城市能源互联网要实现能源系统与信息网络的深度融合，建设以智能电网为基础，与热力管网、天然气管网、交通网络等多种类型网络互联互通，多种能源形态协同转化、集中式与分布式能源协调运行的综合能源网络，构建开放的共享体系，建立面向多种应用和服务场景下能源系统互联互通的开放接口、网络协议和应用支撑平台，支持海量和多种形式的供能与用能设备的快速、便捷接入。

2. 实现多能源联合协调与区域协调优化

通过需求侧响应与柔性负荷控制以及能源梯级调用的源、网、荷协同优化策略，达到能源配电网、分布式能源微电网和终端能源用户的协同优化调度，实现冷、热、电、气等多种能源形式在城市层级上的统一调配。

3. 海量数据挖掘与用户行为分析

基于智能终端的海量用户信息，采用大数据的分析技术，对用户用能行为监测数据进行分析，以户为单位，深入挖掘用户用电量与煤、气、油等其他能源间的耦合信息，建立用户用能行为分析模型，制定更加有效的营销策略和调控方案。

4. 培育合理的绿色能源交易机制

培育绿色能源灵活交易市场模式，完善基于互联网的智慧用能交易平台建设，主要包括建设基于互联网的绿色能源灵活交易平台，支持绿色低碳能源与电力用户之间实现直接交易，构建可再生能源实时补贴机制，实现补贴的计量、认证和结算与可再生能源生产交易实时挂钩。

三、园区级能源微网

1. 分布式能源系统优化运行

分布式能源系统的协调控制及其优化调度是能源互联网中的多种能源形式和复杂的网络关系的核心问题。以系统综合能源利用率最大为目标，利用分布式计算框架构建能源点、负荷点、能量中心和控制中心等各个不同类型和层级的自治控制对象，根据实际能源网络拓扑结构实现分层的协同控制模型；通过量化指标体系和安全运行约束制定全局优化策略，各区域响应上级策略的同时进行内部自治控制，实现动态调整调控。

2. 完善综合能源服务商业模式

综合能源服务的发展有两个方向：一是由传统能源供应商向综合能源服务商转变，依托传统能源供应商基础设施优势，向冷、热、电、气多联供方向发展；而是由能源设备供应商向综合能源服务商转变，依托自身技术优势和售配电改革政策，为用户提供施工、建设、运维服务。能源互联网遵循的是开放、互动和互利互惠的原则，能源供给者、运营商、代理商和用户的利益必将剧烈磨合与碰撞，需要进一步完善综合能源服务商业模式，以适应市场化需求。

第二章

综合能源规划与评估技术

2.1　综合能源系统多能互补机理

2.1.1　综合能源系统多能互补意义

综合能源系统是多种能源联合运行系统，不同能源网络间的耦合联系强，不同能源形式间的互补替代可以大幅提升系统的综合能源利用效率。综合能源系统不是多种能源的简单叠加，而应按照不同能源间的互补耦合特性，统筹规划各种能源供给计划和能源间转供计划，实现多种能源系统协同优化。

综合能源系统可以解决可再生能源出力的间歇性、波动性和随机性给电力系统带来的冲击。太阳能、风能等可再生能源随季节、时间以及气象条件变化而波动，综合能源系统可以通过多种储能形式、多种可控分布式电源有效抑制可再生能源的波动，提高配电网供电可靠性，促进可再生能源发展应用，同时缓解化石能源紧张、减少环境污染。综合能源系统建模、分析与优化是提高能源系统综合能效、确保供需平衡、资源和技术协同优化整合，实现系统科学规划与设计的有效手段。综合能源系统是一个具有多时间尺度、多种能源需求的复杂能源系统，其规划与设计过程中既要考虑系统内产能、换能、蓄能、用能等各个环节之间的相互依赖关系，又要考虑冷、热、电等多种能源流间的耦合与转供。

2.1.2 多能耦合互补与梯级利用机理

综合能源系统提升综合能源利用效率和能源供给可靠性，本质上是利用多种能源形式间的耦合互补特性，实现不同能源形式间的梯级利用。

从能源供应角度看，综合能源系统将原始的太阳能、风能、地热能、生物质能、燃气、电能等多种能源形态，转化为消费主体所需的冷、热、电等能量，能量转换和供应设备不乏复合供能设备，如热电联产系统（CHP）等。以燃气轮机为例，其将燃气转换为电能和热能，为消费主体提供热、热水和电的需求。燃气轮机的热能、电能供给量存在比例耦合关系，在制定和优化供热、供电调度计划，确定燃气轮机的热、电供给配额时，应充分考虑这两种能源供给的耦合关系。

从能源利用角度看，多种能源系统在不同时间尺度上具有相关性和互补性，即在时间尺度上具有耦合互补关系。能源消费时间尺度上具有峰谷特性，可再生能源如风能、光能等的发电系统具有间歇性、波动性和随机性。电力储能设备本身具有一定的移峰填谷作用，在一定程度上实现电能的梯级利用。然而，电储能设备的调控量空间有限且成本较高，对于可再生能源的充分消纳、移峰填谷作用存在局限性。综合能源系统，可以充分考虑电能与冷/热能在时间尺度上的互补性，应用蓄热、储冷等设备，通过电能与热/冷能的转供，提高综合能源系统可再生能源消纳能力和综合能效，实现不同能源形式间的梯级利用。此外，相比于电能消费的瞬时性，供冷或供热所产生的效应具有延续性和渐变性，因此可以利用冷或热的惯性，不破坏用户舒适度而对电力负荷进行调节，实现短时间尺度的移峰填谷和多能源梯级利用。

提高综合能源系统能源利用效率和能源供给可靠性的能源系统包括热泵、蓄热式电锅炉系统、蓄冷系统、太阳能热水/空调系统、冷热电联产系统等。

一、热泵系统

按热量的来源，把热泵系统分为空气源热泵空调系统和水源热泵空调系统。所谓空气源热泵，就是利用室外空气的能源从低位热源向高位热源转移的制冷、制热装置，通常将以冷凝器放出的热量来供热的制冷系统或用做供热的制冷机组成为空气源热泵。所谓水源热泵，是一种采用循环流动于共用管路中的水、从水井、湖泊或河流中抽取的水或在底下盘管中循环流动的水为冷（热）源，制取冷（热）风或冷（热）水的设备；包括一个使用侧换热设备、压缩机、热源侧换热设备，具有单制冷或制冷和制热功能。地源热泵是以大地或水为冷热源对建筑物进行冬季供暖和夏季供冷的空调技术，是效率较高的热泵。地源热泵在夏天，将室内的热量被热泵转移到土壤或水中，使室内得到凉爽的空气，而地下获得的能量将在冬季得到利用。

热泵的性能一般用制冷系数来评价。制冷系数的定义为由低温物体传到高温物体的热量与所需的动力之比。通常热泵的制冷系数为3～4，也就是说，热泵能够将自身所需能量的3～4倍的热能从低温物体传送到高温物体。所以热泵实质上是一种热量提升装置，工作时它本身消耗很少一部分电能，却能从环境介质（水、空气、土壤等）中提取4～7倍于电能的装置，提升温度进行利用，这也是热泵节能的原因。综合能源系统中热泵系统的应用，可以有效提升综合能源系统的能源利用效率，通过利用热的惯性，还可以起到电负荷调节的作用。

二、蓄热式电锅炉系统

电锅炉是以电力为能源，并将其转化成为热能，从而经过锅炉转换，向外输出具有一定热能的蒸汽、高温水或有机热载体。电锅炉本体主要由电锅炉钢制壳体、电脑控制系统、低压电气系统、电加热管、进出水管及检测仪表等组成。电锅炉的加热方式有电磁感应加热方式和电阻（电加热管）加热方式两种。电阻加热方式即采用电阻式管状电热元件加热，电锅炉在结构上易于叠加组合，控制灵活，维修更换方便。目前电锅炉基本上都采用电阻式管状电热元件加热式电锅炉。

蓄热式电锅炉是在低谷时段用电加热，并享受优惠电价的政策，推出的一种新型高效、节能的电加热产品；在蓄热式电锅炉基础上添加相应的附属设备，蓄热水箱，就构成了蓄热式电锅炉系统。蓄热式电锅炉是利用夜间低谷时段的电能作为能源，夜间蓄热白天供暖和热水。该设备为蓄热供暖/热水系统，既提高了设备的利用率，又减少了设备的初投费用。该设备充分利用低谷电能储蓄能量，削峰填谷，节约电能，减少城市有害气体排放，符合节能减排的需求。

三、蓄冷系统

水蓄冷系统是在常规空调系统中增设蓄冷水槽（或水池）作为蓄冷设备，以空调用的制冷机作为制冷设备，主要有制冷设备、蓄冷水槽和控制仪表三部分。该系统可以有四种运行模式，即蓄冷工况、制冷机供冷工况、蓄冷水槽供冷工况以及制冷机与蓄冷水槽同时供冷工况。水蓄冷系统可以采用常规空调用制冷主机，能源利用效率较高。但由于蓄冷水槽体积庞大、保温处理困难、冷损耗大等原因，使水蓄冷系统的推广应用受到一定限制。

冰蓄冷系统和水蓄冷系统工作原理类似，只是用冰作为蓄冷媒介。常用的冰蓄冷系统有三种形式，制冷机位于贮槽上游的串联系统、制冷机位于贮槽下游的串联系统和制冷机与贮槽并联的系统。相比水蓄冷系统，冰蓄冷的蓄冷密度大，故冰蓄冷贮槽小，冷损耗小；冰蓄冷贮槽的供水温度稳定，供水温度接近0℃，可以采用低温送风系统，从而带来空调运行费用的降低。不过冰蓄冷系统的设备与管路系统较复杂，不利于维护。

蓄冷系统是综合能源系统梯级利用的重要设备，利用能量转化装置，将电能转化为冷并储存起来，在时间尺度上实现分时梯级利用。尤其是在风机或光伏等可再生能源出力较大、切风切光的工况时，可以将富余的可再生能源通过储冷的形式储存起来，实现可再生能源的最大利用。

四、太阳能热水/空调系统

太阳能热水器将太阳光能转化为热能，将水从低温度加热到高温度，以满足人们在生活、生产中的热水使用。太阳能热水器按结构形式分为真空管式太阳能热水器和平板式太阳能热水器，真空管式太阳能热水器为主。将利用太阳能产生的热水和溴化锂制冷机组联合起来，利用溴化锂机组的制冷原理，即可实现太阳能空调的功能。

五、冷热电联产系统

热电联产设备既生产电能，又利用汽轮发电机做过功的蒸汽对用户供热的生产方式，即同时生产电、热能的工艺过程，较之分别生产电、热能方式节约燃料。热电联产设备与相应的制冷设备结合可以形成冷热电三联产系统，三联产系统可以满足配电网用户冷、热和电的整体需求，供给方式可以是集中式也可以是分布式。典型冷热电三联产系统一般包括：动力系统和发电机（供电）、余热回收装置（供热）、制冷系统（供冷）等。

冷热电联产技术有蒸汽轮机驱动的外燃烧式和燃气轮机驱动的内燃烧式。汽轮机主要工作原理是，由于煤燃烧形成的高温烟气不能直接做功，需要经锅炉将热量传给蒸汽，由高温高压蒸汽带动汽轮发电机组发电，做功后的低品位的汽轮机抽汽或背压排汽用于供热。锅炉加供热汽轮机热电联产系统适用于以煤为燃料。燃气轮机热电联产系统分为单循环和联合循环两种形式。

其中，单循环的工作原理是：空气经压气机与燃气在燃烧室燃烧后温度达1000℃以上，进入燃气轮机推动叶轮，将燃料的热能转变为机械能，并拖动发电机发电。从燃气轮机排出的烟气温度一般为450～600℃，通过余热锅炉将热量回收用于供热。大型的燃气轮机效率可达30%以上。考虑到热和电两种输出的总效率一般能够保持在80%以上。此外，现代科学技术的发展，特别是微型燃气轮机、燃气外燃机和燃料电池以及其他新能源技术的发展，也赋予了冷热电联产新的内涵。

冷热电联产是一种建立在能量梯级利用概念基础上，将供冷/暖、热水及发电过程一体化的能量供应系统。其最大的特点就是对不同品质的能量进行梯级利用，温度比较高的、具有较大可用能的热能被用来发电，而温度比较低的低品位热能则被用来供热或是制冷。冷热电联产系统不仅提高了综合能源的利用效率，而且减少了碳化物和有害气体的排放，具有良好的经济效益和社会效益。

2.2　综合能源与负荷需求分析方法

2.2.1 分布式能源供给分析

一、分布式可再生能源分析

可再生能源是指其在自然界中可以不断再生、永续利用、取之不尽、用之不竭的资源，包括太阳能、水能、风能、地热能、生物质能、波浪能、潮汐能、海洋温差能等。综合能源系统的开发需要对以上能源的可利用性进行评价和分析。

（一）风能

风能，是具有一定质量的空气因流动而产生的动能，由于太阳辐射造成地球表面各部分受热不均匀，引起大气层中压力分布不平衡，在水平气压梯度的作用下，空气沿水平方向运动形成风。通过风力机将风的动能转化成机械能、电能和热能等。

1. 风能资源评估体系

GB/T 18710—2002《风电场风能资源评估方法》给出了科学有效的风资源评估体系，该评估体系给出的风能资源评估指标包括不同时段的平均风速、风功率密度、风能密度、湍流强度和风能可利用时间等。

（1）平均风速。瞬时风速具有很大的随机性，所以计算时通常都采用固定时间间隔内的平均风速作为考察对象。在风电场资源评估中，一般按照国际惯例采用每小时平均风速。根据每小时的平均风速值得到日平均风速值和月、年平均风速值。

$$V_{\mathrm{m}}=\frac{1}{N}\sum N_{\mathrm{a}}V_{\mathrm{a}} \tag{2-1}$$

式中：V_{m}为平均风速；V_{a}为历史风速统计资料中的各等级风速；N_{a}为对应的累积小时数；N为总小时数。采用双参数韦布尔分布拟合风速的频率分布以后，可根据拟合风速分布参数值求得所拟时间段内的平均风速，其计算公式为

$$\overline{V}=c\Gamma\left(1+\frac{1}{k}\right) \tag{2-2}$$

式中：$\Gamma(x)$为伽玛函数；k和c为双参数韦布尔分布的参数。

（2）风功率密度。风力发电是通过发电机来实现将风能转化为电能，风功率密度是衡量风能的指标之一。风功率密度的大小受风速、风速分布和空气密度的影响，是风场风能资源的综合指标，空气在1s的时间内以速度v_i流过单位面积产生的动能称为风功率密度，其计算公式为

$$E=\frac{1}{2}\sum_{i=1}^{n}\rho v_i^3 \tag{2-3}$$

式中：n为设计时段内的记录数；v_i^3为第i次记录风的风速（单位为m/s）值的立方；ρ为空气密度，kg/m^3，会随气压、气温和湿度变化而变化，其计算公式为

$$\rho=\frac{1.276}{1+0.0036t}\times\frac{P-0.378e}{1000} \tag{2-4}$$

式中：P为气压，hPa；t为气温，℃；e为水气压，hPa。

一个地方风能大小的衡量，视常年的平均风能多少而定。风速是随机型量，因此考察一段时间内的平均风功率密度更有意义。其中平均风功率密度是有限时间段内风功率密度的平均值，是指与风向垂直的单位面积中风所具有的功率。当风速为离散型数列时，平均风功率的计算公式为

$$\overline{E}=\frac{1}{n}\sum_{i=1}^{n}\frac{1}{2}\rho f_i v_i^3 \tag{2-5}$$

式中：f_i为风速v_i的风频率。

若在T时间段内的风速负荷韦布尔概率分布，且参数值k和c已知，则平

均风功率密度的计算公式为

$$\overline{E}=\frac{1}{2}\rho c^{3}\Gamma\left(1+\frac{3}{k}\right) \tag{2-6}$$

（3）风能密度。风能密度表达式为

$$D_{\mathrm{WE}}=\frac{1}{2}\sum_{j=1}^{m}\rho(\upsilon_j^3)t_j \tag{2-7}$$

式中：m 为风速区间数目；t_j 为某扇区或全方位第 j 个风速区间的风速发生的时间，h。

（4）湍流强度。风场的湍流特征会对风力发电机组产生不利的影响，主要是减少输出功率，还可能引起极端荷载，最终削弱和破坏风力发电机组。湍流强度 I_{T} 在 0.10 或以下表示湍流相对较小，中等程度湍流的 I_{T} 值为 0.10 ~ 0.25，更高的 I_{T} 值表明湍流过大，10min 湍流强度按下式计算

$$I_{\mathrm{T}}=\frac{\sigma}{v} \tag{2-8}$$

式中：σ 为 10min 风速标准偏差，m/s；v 为 10min 平均风速，m/s。

（5）风能可利用时间。风能可利用时间是对全年内有效风速时间的评估，风能利用小时数越高，说明风资源质量越好。我国风能资源丰富地区每年风速在 3m/s 以上的时间近 4000h，如新疆、内蒙古等地区甚至可达 7000h。概率分布拟合出来以后，也可以方便地求得风能的年可利用时间。有效风力范围内的风能可利用地时间可由下式求得

$$t=N\int_{v2}^{v1}f(v)\mathrm{d}V \tag{2-9}$$

年风能可利用小时计算公式为

$$T_{\mathrm{e}}=8760\left\{\exp\left[-(\frac{v_1}{c})^k\right]-\exp\left[-(\frac{v_2}{c})^k\right]\right\} \tag{2-10}$$

式（2-9）和式（2-10）中，v_1、v_2 分别为风力发电机的起停风速；N 为统计时间段内总时间。

离散风速可利用时间由下式给出

$$t=\sum N_i \tag{2-11}$$

式中：N_i 为 $[v_1, v_2]$ 区间内某一风速的累积小时数。

2. 风速分布模型的选取

风速具有较大的随机性，因此在判断一个地区的风能资源状况时，必须依赖该地区常年风统计特性，风速的概率分布式体现风统计特性的一个重要

形式，应用最多的是双参数韦布尔分布模型。双参数韦布尔分布含有两个参数，分别是尺度参数c和形状参数k，其中形状参数k值的变化对分布曲线的形状有很大的影响，当k=1时，分布函数曲线呈指数形；当k=2时，分布便成为瑞利分布，瑞利分布函数取决于一个调节参数—尺度参数。

从概率论和统计学角度看，韦布尔分布式连续性的概率分布，其概率密度为

$$f_w(v)=\frac{k}{c}\left(\frac{v}{c}\right)^{k-1}\exp\left[-\left(\frac{v}{c}\right)^k\right] \tag{2-12}$$

韦布尔分布函数表示为

$$F(v)=-\exp\left[-\left(\frac{v}{c}\right)^k\right] \tag{2-13}$$

式中：v为风速；c为比例参数；k为形状参数。

（二）太阳能

太阳能的计量一般以阳光照射到地面的辐射总量，包括太阳的直接辐射和天空散射辐射的总和。太阳能的利用方式主要有光伏发电系统、太阳能聚热系统、太阳能热水系统等。

1. 影响太阳辐射的因素

影响到达地面太阳光照辐射量的因子主要有四大类：天文因子、大气因子、地表因子和人类活动。

（1）天文因子。天文因子对地球光照辐射状况的影响主要包括：太阳倾角、太阳高度角、日地距离及地理纬度，这些因子决定了不同地区太阳光照辐射到达量的差异。

（2）大气因子。太阳光照辐射在大气中传播时，由于受到空气分子、水汽级气溶胶粒子的散射和吸收而削弱。云是大气中水汽相变的产物，而且其物理机制比较复杂，是影响太阳辐射的最重要因素。

（3）地表因子。地表因子包括地形和下垫面状况两部分。地形影响包括海拔、坡地的坡向、坡度和起伏程度三个方面。下垫面状况主要是指地表物理性质及其覆盖状况，最常见的如植被（包括森林、草地、农作物等）、雪被、水体及裸地等。

（4）人类活动。人类活动对到达地面的太阳光照辐射也能产生作用，这主要是通过改变大气中某些气体成分（如CO_2）和气溶胶含量，也会通过改变局地地形和下垫面条件表现出来。

2. 光照强度的估算方法

太阳能资源数据在太阳能资源规划设计和发电量预测中是不可或缺的，主要包括两类模型：确定性模型和随机性模型。

（1）确定性模型。

确定性模型又可分为半正弦模型和Colares-Pereira & Rabl模型。

1）半正弦模型计算公式如下

$$Q_\tau(t)=A_Q\sin\left(\frac{t-a}{b-a}\pi\right) \tag{2-14}$$

式中：$Q_\tau(t)$为t时刻光照总辐射值；A_Q为日总光照辐射小时最大值，$A_Q=\frac{\pi}{2(b-a)}Q$；Q为日光照总辐射量；a和b分别为日出和日落时刻。

2）Colares-Pereira&Rabl模型（简称C-P&R模型）计算公式如下

$$Q_\tau(t)=Q\left(\frac{I_0}{Q_0}\right)(a_3+b_3\cos\omega_t) \tag{2-15}$$

式中：Q_τ为日光照总辐射量；I_0为大气层外水平面逐时太阳辐射量；Q_0为大气层外水平面日总辐射量；ω_t为1h中点的时角，即

$$\omega_t=\frac{\pi}{12}(t-12) \tag{2-16}$$

$$a_3=0.49+0.5016\sin(\omega_s-60^\circ) \tag{2-17}$$

$$b_3=0.6609+0.4767\sin(\omega_s-60^\circ) \tag{2-18}$$

$$I_0=I_{SC}E_0\cos\delta\cos\phi(\cos\omega_s-\cos\omega_t) \tag{2-19}$$

式中：ω_s为日落时角；$\omega_s=\frac{\pi}{12}(t_s-12)$；$I_{SC}$为太阳常数，取值4.92MJ/($m^2$h)；$E_0$为地球偏心距修正系数；$E_0=1+0.033\cos\frac{2\pi n}{365}$；$n$为一年的天数；$\delta$为太阳赤纬角；$\phi$为地理纬度。

（2）随机性模型。

自回归滑动平均模型（简称ARMA模型），Auto-Regressive and Moving Average Model）将自回归模型（简称AR模型）与滑动平均模型（简称MA模型）结合。将预测值随时间推移而形成的数据序列看做一个随机序列，这组随机变量所具有的依存关系体现原始数据在时间上的延续性。

假定影响因素为X_1，X_2，⋯，X_p，则回归模型如下

$$Y=\beta_0+\beta_1x_1+\beta_2x_2+\cdots+\beta_px_p+e \tag{2-20}$$

式中：Y为预测对象的观测值；e为误差。

作为预测对象Y_t受到自身变化的影响，其回归模型为

$$Y_t=\beta_0+\beta_1x_{t-1}+\beta_2x_{t-2}+\cdots+\beta_px_{t-p}+e_t \tag{2-21}$$

误差项在不同时期具有依存关系，即

$$e_t=\alpha_0+\alpha_1e_{t-1}+\alpha_2e_{t-2}+\cdots+\alpha_qe_{t-p}+\mu_t \tag{2-22}$$

由此，可获得ARMA模型表达式为

$$Y_t=\beta_0+\beta_1x_{t-1}+\beta_2x_{t-2}+\cdots+\beta_qx_{t-p}+\alpha_0+\alpha_1e_{t-1}+\alpha_2e_{t-2}+\cdots+\alpha_qe_{t-q}+\mu_t \tag{2-23}$$

（三）地热能

地热能是贮存在地下岩石和流体中的热能，可以用来发电，也可以为建筑物供热和制冷提供能量来源，典型地热能的应用设备为地源热泵。对于不同类型的地热资源，需要采用不同的评价估算方法。

1. 浅层地热资源评价方法

可采用《浅层地热能勘查评价规范》（DZ/T 0225—2009）的体积法计算热容量，再根据计算区可利用温度差来评价该地区的浅层地热潜力资源。热容计算包含饱水带和包气带两部分。

（1）热容计算。

1）包气带中，浅层地热容量计算公式为

$$Q_R=Q_S+Q_W+Q_A \tag{2-24}$$

$$Q_S=\rho_SC_S(1-\Phi)Md_1 \tag{2-25}$$

$$Q_W=\rho_WC_W\omega Md_1 \tag{2-26}$$

$$Q_A=\rho_AC_A(\Phi-\omega)Md_1 \tag{2-27}$$

式中：Q_R为浅层地热容量，kJ/℃；Q_S为岩土体的热容量，kJ/℃；Q_W为岩土体中所含水的热容量，kJ/℃；Q_A为岩土体中空气的热容量，kJ/℃；ρ_S为岩土体密度，kg/m^3；C_S为岩土骨架比热容，kJ/（kg·℃）；Φ为岩土体孔隙率；M为计算面积，m^2；d_1为包气带厚度，m；ρ_W为水密度，kg/m^3；C_W为水比热，kJ/（kg·℃）；ω为岩土体的含水量；ρ_A为空气密度，kg/m^3；C_A为空气比热，kJ/（kg·℃）。

2）饱水带中,浅层地热容量计算

$$Q_R=Q_S+Q_W \tag{2-28}$$

$$Q_W=\rho_WC_W\omega Md_2 \tag{2-29}$$

$$Q_S = \rho_S C_S(\Phi - \omega)Md_2 \tag{2-30}$$

式中：d_2为潜水面至计算下限深度。

（2）资源量计算。

浅层地热资源量为热储层热容与评估区可利用温度差之积，可利用资源应考虑城市建筑面积系数、浅层地热能可采系数与可利用系数。计算公式如下

$$Q = Q_R \Delta T \alpha \beta \gamma \tag{2-31}$$

式中：Q为浅层地热可利用资源总量，kWh/a；ΔT为可利用温度差，℃；α为城市面积系数；β为浅层地热能可采系数；γ为浅层地热能开发利用系数。

2. 对流型地热资源评价方法

可采用《地热资源评价方法》（DZ 40—1985）提出的放热量法计算对流型地热资源量。

$$Q = \alpha \cdot qv \cdot c \cdot \rho \cdot (t_1 - t_0) \tag{2-32}$$

又

$$c\rho \approx 1$$

则

$$Q = \alpha \cdot qv \cdot (t_1 - t_0) \tag{2-33}$$

式中：Q为温泉放热量资源潜力，kcal/s；α为温泉利用效率；qv为温泉的流量，L/s；c为温泉水的比热，kcal/kg·℃；ρ为温泉水的密度，kg/L；t_1为温泉水的温度，℃；t_0为非热异常区恒温层温度，℃。

3. 传导型地热资源评价方法

传导型地热资源估算主要采取体积法估算，计算公式为

$$Q = A \cdot D(T - T_{ref})(\rho \cdot C) \tag{2-34}$$

式中：Q为地热资源；A为计算面积；D为计算热储层平均厚度；T为计算热储层平均温度；T_{ref}为参考温度；$\rho \cdot C$为岩石和水的体积比热容。

地热资源的估算，需要对参数进行选择，一般情况下，主要根据热储介质和计算面积来选择，其参数主要包括各种岩石和水的密度、水的比热容、地表温度、土壤含水量、孔隙率、温度差等。

二、外部能源供给分析

（一）电网供能分析

电网供电能力不仅是地区电网公司关心的重要技术指标，同时也是综合能源系统运行的重要保障。

综合能源系统的外部电网供电能力是鉴于输电网中的可用输电能力并结合系统自身网络结构的特点而提出的，主要考虑发电机出力调节和设备过载限制的条件下，满足各节点负荷需求的能力。

1. 电网供电能力限制

从可用供电能力在实际求解时要考虑许多因素的影响，如系统的运行状态、电网结构及负荷需求预测。除此之外，它的计算还会受到许多约束条件的制约，如热稳定限制、电压限制和稳定性限制等。

（1）热稳定极限：热稳定极限规定了输电线或用电设备在一定时间内所能流过的最大电流值，以免输电线或用电设备因过热而发生永久性故障。

（2）电压极限：电能在流经输电线时，由于线路存在阻抗，通常情况下会导致线路末端的电压降落，而在电力系统中必须保证各个时刻系统中的各节点的电压维持在一个特定的范围内，以保证电力的稳定运行。电压极限规定了系统内各节点所能允许的最低、最高电压。

（3）稳定性极限：互联系统可靠性设计的一个基本原则就是要保证系统在发生故障时，能够继续保持可靠的运行。稳定性极限主要考虑暂态稳定性问题和静态稳定性问题。

2. 电网供电能力计算方法

对于地区电网供电能力分析已有多种方法，也可采用相关的计算软件来进行供电能力评估，其中主要的计算方法和指标有以下几种。

（1）容载比法。容载比法是指在某一个电压等级中，可供变电容量在满足供电可靠性基础上与对应的最大负荷之比，其结果能够反映区域电网整体供电能力。当变电容载比值比较大时，说明此时电网适应负荷增长的能力强，但是需要对其建设投资较大；当变电容载比值比较小时，说明其电网承受负荷能力较差，对其电网运行的安全性有一定影响，同时供电的可靠性会降低，应考虑采取相应措施以增加其供电容量。

在某一特定的电压等级下，其容载比的计算式在经过修正后如下所示

$$R_s = \frac{K_t K_r}{K_c K_o} \tag{2-35}$$

式中：K_t为在此电压等级下的变压器所能承受的最大负荷分散系数。可以被认为是在所选取的一定时间段内，所有此电压等级下的变压器最大负荷供电总和与此电网出现最大负荷时对应的全部变压器供电之和的比值。通常

对连续几年的运行情况做一个数学统计，得到其平均值为建设规划做一定的参考；K_c为统计变压器的平均功率因数。根据目前各地无功补偿有一定改善的实际情况，按照《电力系统电压质量和无功电力管理规定》，建议取0.95～0.98；K_r为负荷发展储备系数，建议一般取1.1~1.3。这主要依据规划区内的国民经济发展速度，负荷的需求增长情况确定。通常按预测年负荷增长率取值，对于经济发达、增长快速的地区，一般取为1.3，相对经济发展增长缓慢的地区可以取为1.1；K_o为变压器的安全运行率。一般指在出现N–1时可以保障除故障主变压器外，剩下的所有主变压器都可以正常安全运行的最高运行值。对于35~110kV主变压器的运行率，一般取为0.65~0.8；R_s一般要求所得的结果为大于1的常数，一般通过对于现有运行资料进行数理分析和统计以及相对应的运行方式结合考虑而确定。在实际规划中，对于电网的供电能力影响有很多因素，用评价网络变电能力的容载比指标来评价区域电网的整体供电能力的办法是不够准确的，通常只能起到一个宏观调控的作用。

（2）尝试法。尝试法的思想是，首先给定一定的负荷，按照现有网络结构及负荷基准分配其负荷，给出所需考虑的所有约束条件，然后进行全网络的潮流计算。当出现有约束条件不满足时减少所给总负荷，再次进行潮流计算。如果满足所有的约束条件则加大所给定的总负荷，然后同样进行潮流计算。直至系统无可用出力或者无论如何调整负荷都会因为增加的负荷出现约束条件不满足，此时所得到的系统供电能力为系统最大供电能力。

尝试法的主要步骤为：

1）对特定的系统给定某一总负荷量，并按照一定的负荷分配系数将负荷分配到各个负荷点。

2）进行潮流计算，得到此负荷水平下各支路上的功率，并考量支路的计算功率是否达到支路的最大功率，同时检查网络中所有约束，检验是否出现不满足约束条件的情况。如果出现了不满足约束条件的情况，则进行步骤4）。如果没有，则进行步骤3）。

3）在系统出力满足的情况下，加大总负荷量，重复步骤1）、步骤3）直至系统中出现不满足约束条件的情况。

4）当系统中发生不满足约束条件时，需要改变所给定的总出力，再次进行潮流计算。

5）经过步骤4），当系统满足其给定的约束条件后，可以按一定规则加大系统的总负荷，重复步骤3)，当所加总负荷增量足够小到达规定的精度或者无系统出力时，所得系统的总负荷即为最大供电能力。

使用尝试法计算地区电网的供电能力，由于需要多次潮流计算，且对于每次选取出方式不同，存在计算时间比较长的特点。

(3)最大负荷倍数法。采用最大负荷倍数来评估网络的供电能力，其原理是将网络适应负荷增长的能力表示为一个线性规划模型。设线性规划模型目标函数k即网络的最大负荷倍数，其值表示为系统所能供应的最大供电负荷与实际供电负荷之比，约束条件一般选择网络的功率平衡约束、线路的容量约束和电源的出力约束。其数学模型可以考虑如下。

目标函数

$$f(k)=\max(k) \tag{2-36}$$

约束条件

$$-B\theta+g-kd=0 \tag{2-37}$$

$$g_{\min}\leqslant g\leqslant g_{\max} \tag{2-38}$$

$$|A^{T}\theta|\leqslant \Phi_{\max} \tag{2-39}$$

式中：d为实际网络中现有的供电负荷；g、$g_{\min}$、$g_{\max}$分别为供电网络中所考虑的电源出力及其出力最小值和最大值；A^T为供电网络中节点支路关联矩阵的转置矩阵；B为节点导纳矩阵；θ为节点相角；$\Phi_{\max}$为支路相角差的最大值。

按照定义可以得知，k为供电系统中可以承受的最大供电负荷与其现实中所提供的实际负荷之比，即系统的最大负荷倍数，正常情况下系统应满足k大于1，越大表明系统的最大供电能力水平越高。

用最大负荷倍数法来评估网络供电能力的思路是以网络现有的负荷为基础，设其所有的负荷点以相同的增长比例速率增长，以此得到供电网络的最大供电能力。但是这种方法对于现有负荷的水平和分布相当敏感，当网络中有不平负荷分布时，某些增长比例比较高的负荷点会较快出现越限情况，而大部分负荷点的负荷值还较低，所以导致其考虑的最大供电能力与实际的供电能力有一定偏差。

(二)热网供能分析

热网供能能力的分析重点在于对热网设计流量进行计算分析。

1. 采暖热负荷热力网设计流量

$$G_{n}=3.6[Q_{n}/c(t_{1}-t_{2})] \tag{2-40}$$

式中：G_n为采暖热负荷热力网设计流量，T/h；Q_n为采暖热负荷，kW；C为水的比热容，kJ/kg·℃，可取C=4.1868kJ/(kg·℃)；t_1为采暖室外计算温度下的热力网供水温度，℃；t_2为采暖室外计算温度下的热力网采暖系统回水温度，℃。

2. 通风、空调热负荷热力网设计流量

$$G_{tk}=3.6Q_{tk}/c(t_{1t}-t_{2t}) \tag{2-41}$$

式中：G_{tk}为通风、空调热负荷热力网设计流量，T/h；Q_{tk}为通风、空调热负荷，kW；C为水的比热容，kJ/(kg·℃)，可取C=4.1868kJ/(kg·℃)；t_{1t}为冬季通风、空调相应室外计算温度下的热力网供水温度，℃；t_{2t}为冬季通风、空调相应室外计算温度下的热力网采暖系统回水温度，℃。

3. 闭式热力网生活热水热负荷热力网设计流量

（1）与采暖系统并联连接。

1）平均流量计算公式为

$$G_{sp}=3.6Q_{sp}/c(t_1'-t_2') \tag{2-42}$$

式中：G_{sp}为生活热水热负荷热力网设计流量，T/h；Q_{sp}为采暖期生活平均热负荷，kW；C为水的比热容，kJ/(kg·℃)，可取C=4.1868kJ/kg·℃；t_1'为闭式热力网采暖开始时的供水温度，℃；t_2'为生活热水加热器上相应的回水温度，℃。

2）最大流量计算公式为

$$G_{s\cdot max}=3.6Q_{s\cdot max}/c(t_1'-t_2') \tag{2-43}$$

式中：$G_{s\cdot max}$为生活热水热负荷热力网最大流量，T/h；$Q_{s\cdot max}$为采暖期生活热水最大热负荷，kW；C为水的比热容，kJ/(kg·℃)，可取C=4.1868kJ/(kg·℃)；t_1'为闭式热力网采暖开始时的供水温度，℃；t_2'为生活热水加热器上相应的回水温度，℃。

（2）与采暖系统两级串联或两级混合连接。

1）平均流量计算公式为

$$G_{sp}=3.6[Q_{sp}/c(t'_1-\theta_2)]\cdot[(t_r-t_{lr})/(t_r-t_l)] \tag{2-44}$$

式中：G_{sp}为生活热水热负荷热力网平均流量，T/h；Q_{sp}为采暖期生活热水平均热负荷，kW；C为水的比热容，kJ/(kg·℃)，可取C=4.1868kJ/(kg·℃)；t'_1为闭式热力网采暖开始时的供水温度，℃；θ_2为采暖期开始时采暖期系统回水温度，对于间接连接采暖系统为采暖加热器热力网侧出口水温，℃；t_r为生活热水温度，应按设计水温取用；t_{lr}为采暖期开始时，第一级生活热水加热器生活热水出口水温，℃，$t_{lr}=\theta_2-\Delta$，Δ可取5~10 ℃；t_l为冷水计算温度，℃。

2）最大流量计算公式为

$$G_{s\cdot max}=3.6[Q_{s\cdot max}/c(t'_1-\theta_2)]\cdot[(t_r-t_{lr})/(t_r-t_l)] \tag{2-45}$$

式中：$G_{s\cdot max}$为生活热水热负荷热力网最大流量，T/h；$Q_{s\cdot max}$为采暖期生活热水最大负荷，kW；C为水的比热容，kJ/(kg·℃)，可取C=4.1868kJ/(kg·℃)；t'_1为闭式热力网采暖开始时的供水温度，℃；θ_2为采暖期开始时采暖系统回水温度，对于间接连接采暖系统为采暖加热器热力网侧出口水温，℃；t_r为生活热水温度，应按设计水温取用；t_{lr}为采暖期开始时，第一级生活热水加热器生活热水出口水温，℃，$t_{lr}=\theta_2-\Delta$，Δ可取5 ~ 10℃；t_l为冷水计算温度，℃。

4. 开式热力网生活热水热负荷网流量

（1）平均流量计算公式为

$$G_{sp}=3.6Q_{sp}/c(t^*_1-t_1) \tag{2-46}$$

$$G_{sp}=3.6Q_{sp}/c(t^*_1-t_1) \tag{2-47}$$

式中：G_{sp}为生活热水热负荷平均流量，T/h；Q_{sp}为采暖期生活热水平均热负荷，kW；C为水的比热容，kJ/(kg·℃)，可取C=4.1868kJ/(kg·℃)；t^*_1为开式热力网采暖开始时的供水温度，℃；t_l为冷水计算温度，℃。

（2）最大流量计算公式为

$$G_{s\cdot max}=3.6Q_{s\cdot max}/c(t^*_1-t_1) \tag{2-48}$$

式中：$G_{s\cdot max}$为生活热水热负荷最大流量，T/h；$Q_{s\cdot max}$为采暖期生活热水最大热负荷，kW；C为水的比热容，kJ/(kg·℃)，可取C=4.1868kJ/(kg·℃)；t'_1为开式热力网采暖开始时的供水温度，℃；t_l为冷水计算温度，℃。

5. 闭式热力网

当采用中央质调节时干线设计流量

$$G_{gb}=G_n+G_{tk}+G_{sp} \tag{2-49}$$

式中：G_{gb}为闭式热力网干线设计流量，（t/h）；G_n为采暖热负荷热力网设计流量，（t/h）；G_{tk}为通风、空调热负荷热力网设计流量，（t/h）；G_{sp}为生活热水热负荷热力网平均流量，（t/h）。

6. 双管开式热力网当采用中央质调节时干线设计流量

$$G_{gk}=G_n+G_{tk}+G_{sp} \tag{2-50}$$

式中：G_{gk}为闭式热力网干线设计流量，（t/h）；G_n为采暖热负荷热力网设计流量，(t/h)；G_{tk}为通风、空调热负荷热力网设计流量，(t/h)；G_{sp}为生活热水热负荷热力网平均流量，(t/h)。

在进行计算时需注意：热水热力网当采用中央质调节时，应采用各种热负荷的热力网流量曲线相叠加得出的最大流量值，作为设计流量。热水热力网支线设计流量的计算方法与干线设计流量计算方法相同，但生活热水热负荷的热力网流量应按以下规定取用。

（1）当生活热水用户有储水箱时，取生活热水热负荷平均流量；

（2）当生活热水用户无储水箱时，取生活热水负荷最大流量。

蒸汽热力网的设计流量，应按各用户的最大蒸流流量之和乘以同时系数确定。当供热介质为饱和蒸汽时，设计流量包括补偿管道热损失产生的凝结水的蒸汽量。

（三）气网供能分析

对于天然气网的供给能力分析，主要集中在高压和中压燃气管道水力计算。根据2009年出版的《燃气工程设计手册》，高压和中压钢管燃气管道的水力计算公式如下

$$\frac{P_1^2-P_2^2}{L}=1.4\times10^9\left(\frac{\Delta}{d}+192.2\frac{dv}{q_0}\right)^{0.25}\frac{q_0^2}{d^5}{}_0\frac{T}{T_0} \tag{2-51}$$

式中：P_1为燃气管道起点的绝对压力，kPa；P_2为燃气管道终点的绝对压力，kPa；L为燃气管道的计算长度，km；Δ为管壁内表面的当量绝对粗糙度，mm；d为燃气管道的内径，mm；v为燃气运动黏度，m^2/s；q_0为折算到标准状态时燃气管道的计算流量，m^3/h；ρ_0为标准状态时燃气的密度，kg/m^3；T为设计中所采用的燃气温度，K；T_0为273.15K。

三、综合能源供给分析原则

根据所选定规划区域地质勘查报告、水文资料、资源评估材料、市政设施现状及规划条件、区域周边可再生能源应用项目调研等，结合能源技术应用适宜条件及需求分析，确定规划区域内的能源利用形式，并预测可利用量，充分体现因地制宜的原则。同时从能源利用合理性的角度来看，需要注意以下几点：

（1）量的平衡。应按真实需求决定供应规模和供应量。

（2）质的平衡。“能”尽其用，按能级利用能源，实现梯级应用。

（3）能量“存”与“取”的平衡。以土壤或地下水作为蓄热载体时，应保持一年周期内取热与还热量相当。

（4）价值的平衡。应进行经济效益分析、投资回报分析，选取合适的能源供给方式。

2.2.2 综合负荷需求分析

在进行综合能源系统设计时需要根据用户（例如工业过程、建筑、园区等）的能源需求种类和特点，确定系统构成形式、装机容量和运行模式。能源系统的负荷动态特性的测算和选取，对于整个系统的初投资和运行经济性有着决定性影响。

一、综合负荷基本内容

在综合能源系统中涉及的负荷有：冷负荷、热负荷、电负荷、热水负荷等。

冷负荷的定义是为保持建筑物的热湿环境和所要求的室内温度，必须由空调系统从房间带走的热量叫冷负荷，或在某一时刻需向房间供应的冷量称为冷负荷，冷负荷包括显热量和潜热量两部分。

热负荷是指在供暖系统中需要维持房间热平衡单位时间所需供给的热量。在综合能源系统中，一般是集中供热系统的热负荷，主要有采暖、通风热负荷。其中采暖和通风用热是季节性热负荷，而热水供应和生产工艺用热则多是常年性热负荷。采暖热负荷是在冬季某一室外温度下，为达到要求的室内温度，供热系统在单位时间内向建筑物供给的热量。通风热负荷是在某些民用建筑以及工厂车间中，经常排出污浊的空气，并引进室外新鲜空气。在采暖季节，为了加热新鲜空气而消耗的热量。

电负荷，又称“用电负荷”，是电能用户的用电设备在某一时刻向电力系统取用的电功率的总和。

热水负荷，也就是热水供应热负荷，是日常生活用热水的用热量。一般根据用水人数、水温及用水定额估算。

二、不同用户类型的综合负荷特点

（一）建筑分类及负荷特点

综合能源系统服务的对象根据其功能可分为民用建筑、工业建筑和农业建筑。不同建筑有不同的使用功能，对应不同的负荷特点。下面列举几种典型的建筑类型的负荷特点。

1. 办公建筑负荷

构成主要包括：照明、办公电器设备、电热开水器和电梯等综合服务设备系统、空调系统以及厨房和信息中心等特定功能设备系统等五个方面，具有如下特点：

（1）由于办公楼作息时间稳定，存在例外的加班时间，但属于少数。

（2）周期性好，一般一周为一周期，周一至周五为工作日、周六周日休息，一年一般为冬夏两个作息时间，且规律。

（3）电负荷稳定、常年如一、变化很小。

（4）办公楼内人员流动数量亦相对稳定。一旦工作时间结束，负荷需求量就减少。

2. 宾馆负荷

宾馆负荷具有如下特点：

（1）入住率不确定，负荷需求量变化大。

（2）负荷受节假日或是旅游旺淡季的影响较大。

（3）人员流动数量不稳定。

（4）由于24小时运行，负荷持续性较强。

3. 医院负荷

医院负荷具有如下特点：

（1）医院内分区严格，各个房间用途不一，性能要求各异。

（2）人员流动数量不稳定，负荷需求量变化大。

（3）随机性强。

（二）负荷影响因素

建筑负荷的影响因素很多，主要影响因素分为3类：

（1）气候区域的影响，主要指各地区的典型气象条件。

（2）建筑外因的影响，指建筑的功能类型，建筑的固有特性（体形系数、窗墙面积比、朝向等），围护结构的热工性能（墙、外窗和屋顶的传热系数、热惰性、吸收性、反射性、透过性、遮阳系数等）。

（3）建筑内因的影响，室内设定条件（设定温度、相对湿度、新风量等），室内热湿源状况（人员、照明设备、散热、散湿等）。

三、区域综合负荷预测

在能源系统中，负荷的预测和评估是系统可行性研究阶段的核心工作之一，其评估的精确性与否将直接影响系统配置与选型，进而影响系统运行效果。

（一）冷/热负荷预测

目前，国内外关于建筑冷/热负荷的动态预测研究主要有传统的统计回归预测方法、计算软件模拟预测方法以及情景分析方法等。

（1）最为广泛的方法是基于统计回归的建筑冷/热负荷动态预测。该方法是以大量的能耗数据为基础，利用统计学等相关技术手段对数据进行科学分析，得出冷/热负荷与影响因素之间的关系，建立负荷预测模型。主要方法包括时间序列法、结构分析法、系统分析法等。

（2）软件模拟预测方法是以计算机能耗模拟软件为平台，根据典型年气象参数，详细的建筑信息，以及设计参数，通过计算机模拟仿真的手段获得该建筑的逐时负荷数据，作为建筑冷/热负荷的预测值。目前，国内外已经研制开发了很多的能耗模拟软件，如美国的DOE-2、BLAST，加拿大的HOT2XP，日本的HASP/ACLD，中国香港的HKDLC以及清华大学的DeST等。这些软件是建筑节能设计的技术基础。在空调系统设计阶段,应用能耗模拟软件可以获得该建筑全年逐时冷/热负荷,通过分析逐时负荷的动态特性,可以得到系统的峰值负荷、负荷的季节变化、日间变化，以及逐时变化,进而可以获得不同比率的部分负荷下系统运行时间。根据这种负荷特性,可以设计更加合理的系统方案，选择合适容量的设备，优化运行策略，从而提高能源利用率，达到节能的目的。

（3）情景分析方法，即设定几种情景用典型的气候条件、建筑使用时间表、内部负荷强度的不同组合，用建筑能量分析软件得出几种情景负荷，并确定峰荷、腰荷和基荷。进一步分析各情景负荷的出现概率，最终确定区域的典型负荷曲线。

（二）电力负荷预测

电力系统负荷预测对电力系统的调度运行和生产计划有很大影响，准确的负荷预测有助于提高电力系统的安全性、稳定性、经济性，随着电力市场的建立与发展，负荷预测将发挥越来越重要的作用。

电力负荷预测方法按照预测的时间范围来划分，可分为长期、中期、短期和超短期预测。长期负荷预测通常指10年以上的预测，中期负荷预测通常指5年左右的预测，短期负荷预测通常为1年以内的预测，它的预测单位包括月、周、天、小时，超短期负荷预测通常指对未来 1 h、0.5 h、10 min 负荷进行预测，表2–1为按照预测时间范围划分的负荷预测方法对比。

表2–1　不同预测时间范围的负荷预测方法对比

预测时间范围	预测时间单位	主要预测方法	主要作用
中长期负荷预测	年	单耗法；弹性系数法；比例系数增长法；人均电量法；趋势外推法；回归分类法；人工神经网络法	为电力系统规划建设提供有效依据，确定年度检修方案
短期负荷预测	月，周，天	时间序列法；卡尔曼滤波法；指数平滑法； 灰色系统理论法；相似日法；专家系统法；德尔菲法；混沌理论法；模糊逻辑法；小波分析法；综合模型法	指导电力部门日常运行：合理安排月度检修方案、运行方式、日开停机、发电计划
超短期负荷预测	1h，0.5h，10min	考虑近几日同时段负荷变化规律的外推方法（趋势外推、指数平滑）	对电力系统实时调度与安全分析，满足运行要求，控制发电成本

1. 中、长期负荷预测方法

（1）产品单耗法是通过国家安排的产品产量、产值计划和用电单耗来确定未来的电力需求量的一种预测方法，它分为“产品单耗法”和“产值单耗法”两种。产品单耗法即为单位产品电耗法，它通过获取生产某一工业产品的平均单位产品耗电量及这种产品的产量，得到生产该品的总电力需求量，其计算公式为

$$A = bq \tag{2-52}$$

式中：A为产品总电力需求量；b为产品产量；q为产品平均单位耗电量。

为了计算某一地区n种产品的总用电量，可将该地区的工业按照行业不同划分为多个部门，统计出每个部门第i种产品的单位产品耗电量q_i以及产量b_i，可得出总电力需求量预测公式为

$$A_{\mathrm{f}} = \sum_{i=1}^{n} q_i b_i \tag{2-53}$$

式中：A_{f}为总电力需求量预测值。

如果第i种产品的单位产品耗电量产生变化，可先对变化后的单位产品耗电量q_{it}进行预测，从而得到

$$A_{f}=\sum_{j=1}^{n}q_{if}b_{if} \tag{2-54}$$

产值单耗法即为将国民经济生产总值或工农业生产总值 G 与单位产值耗电量 U 结合，计算出总电力需求量，其计算公式为

$$A=G\cdot U \tag{2-55}$$

单耗法方法简单，对近期电力负荷的预测具有较好的效果，但是在实际负荷预测中，难以准确求出所有产品的用电单耗，工作量也相当大。

（2）电力弹性系数是指区域总用电量的平均年增长率与国民经济平均年增长率的比值，它是衡量电力发展与国民经济发展相对速度的宏观指标，同时也是反映国民经济发展与用电需求的重要参数，用电力弹性系数预测总电力需求量公式如下

$$k=V_{A}/V_{G} \tag{2-56}$$

$$A_{h}=(1+k)^{n}A_{O} \tag{2-57}$$

式中：k 为电力弹性系数；V_A 为总用电量的平均年用电增长率；V_G 为国民经济平均年增长率；A_O、A_h 为规划期初、期末的总电力需求量。

电力工业通常要比国民经济有一定程度的超前发展，因此电力弹性系数一般会大于1，但是随着科技的进步，节电技术、用电管理、知识、信息经济不断产生与发展，电力与经济的发展步伐并不统一，从而难以确定电力弹性系数，在这种环境下的电力弹性系数法预测未来电力需求量，效果并不理想。电力弹性系数法的优点是计算方便，方法简单；不足之处为预测工作量较大。

（3）比例系数增长法是在假设未来电力负荷与历史电力负荷具有相同的增长比例的前提下，利用历史负荷数据求出负荷的平均增长比例系数，从而预测未来的负荷大小。

首先，求出历史年中的第 n 年至第 m 年（$n<m$）的用电量平均增长率 k

$$k=(m-n)\sqrt{\frac{A_{m}}{A_{n}}}-1 \tag{2-58}$$

式中：A_n、A_m 为第 n 年和第 m 年用电量。进而预测第 h 年（$h>m$）的用电量 A_h

$$A_{h}=A_{n}(1+k)^{h-n} \tag{2-59}$$

比例系数增长法方法简单，计算方便，但是随着电力事业与国民经济的发展，负荷需求量的变化巨大，负荷的增长率并不是一直不变的，从而导致比例系数增长法预测未来电力需求量的精度不是很高。

（4）人均电量法主要是利用预测地区人口和单位人口平均用电量来计算年用电量。首先，利用现有数据对规划年的人口进行预测，然后预测规划年的单位人口平均用电量，对于城市生活用电，按照每人或每户的平均用电量计算；对于工业和非工业等用户，按照单位设备装接容量的平均用电量来计算。上述两种用电类型的现有和历史平均用电水平，可通过典型调查和资料分析获取；规划年的平均用电水平可通过规划部门和用户资料信息获取或通过外推预测，或者参照国内外相同类型城市的数据。人均电量法的预测公式如下

$$A_{\mathrm{h}} = R_{\mathrm{f}} \cdot A_{\mathrm{Rf}} + S_{\mathrm{f}} \cdot A_{\mathrm{Sf}} \tag{2-60}$$

式中：A_{h}为规划年总电力需求量；R_{f}为规划年预测人口；A_{Rf}为规划年预测人均用电量；S_{f}为规划年预测设备总量；A_{sf}为规划年预测单位设备平均用电量。

（5）趋势外推法是通过分析历史电力负荷的变化趋势，来外推测未来的负荷水平。电力负荷具有随机性和不确定性，但是在一定条件下，会反映出明显的变化趋势，对这种趋势正确把握，就能预测出未来电力负荷水平。当历史负荷不存在跃变，并且其变化趋势可以通过函数曲线合理反映，即可以建立一种趋势外推模型

$$Y = F(t) \tag{2-61}$$

式中：Y为时序数值因变量；t为时间自变量。假定历史负荷的变化趋势可以延伸到未来，给出t值，便可得到规划年的负荷值，完成趋势外推预测。

2. 短期负荷预测方法

（1）时间序列法。电力负荷历史数据是按照一定时间间隔采样和记录的时间序列，具有较强的随机性，时间序列模型作为处理随机序列的有效方法，被引入到了负荷预测的研究中。时间序列法通过分析历史负荷数据信息，建立数学模型，反映随机变量变化过程中的规律性，进而确定数学表达式，对未来负荷进行预测。时间序列法可以分为自回归过程、滑动平均过程、自回归滑动平均过程、积分型自回归滑动过程，传递函数建模序列。时间序列法的优点是所需数据少，工作量较小，计算速度较快，不需要人工干预，可自动进行预测，能够反映负荷变化连续性特点。缺点是对原始负荷时间序列的平稳性要求过高，并且过于集中对数据的拟合而忽略对负荷变化规律的考虑，从而无法进一步提高预测精度。

（2）指数平滑法。它是利用过去数周的同类型日相同时间的负荷组成一

组时间上有序的数$y(t)$，$y(t\text{–}1)$，$y(t\text{–}2)$，…，将其加权平均，利用负荷趋势外推技术预测未来负荷，公式为

$$L_{t+1}=\alpha X_t+\alpha(1-\alpha)X_{t-1}+\alpha(1-\alpha)^2X_{t+2}+\ldots \tag{2–62}$$

式中：L_t+1为t+1时刻的负荷值；α=1/n，n为所有数据积累的个数。加权平均是指数平滑法的基本原理，计算过程中根据“近大远小”的原则分配加权系数，从而能够体现数据的时变性，反映新近数据对未来负荷的影响程度，序列中的随机波动可通过平滑作用消除。

指数平滑法的优点是整体考虑电力的需求，根据单一指标预测，方法简单，但指数平滑中的平滑系数一般由经验得出，不能适应时间序列波动较大时的情况，而且难以反映经济、政治、天气等条件的影响。

短期预测方法还包括灰色系统理论法、相似日法、专家系统法等。

（三）热水负荷预测

在确定热水供应系统形式后，要根据用水人数、用水时间及用水定额等条件确定生活热水日用量以及小时耗热量等。热水供应系统按用水时间可分为24小时全日供热水和定时供热水两种供水方式。

1. 全日供应热水

需要全日供应热水的场所比较广泛，包括住宅、别墅、招待所、宾馆、医院、养老院、幼儿园等。全日制集中热水供应系统的热负荷一般按照设计小时耗热量选取，其计算方法有两种。

（1）根据人数或床位数确定

$$Q_h=K_h m q_r C\rho_r(t_r-t_l/86400 \tag{2–63}$$

式中：Q_h为设计小时耗热量W；K_h为小时变化系数；m为用水计算单位数（人数或床位数）；q_r为热水用水定额，L/人·d或L/床·d；C为水的比热，C=4187J/Kg·℃；ρ_r为热水的密度kg/L；t_r为热水温度，通常取t_r=60℃（地源热泵系统取50℃）；t_l为冷水温度。

（2）根据卫生器具的种类和数量确定

$$Q_h=\sum[(q_h\times n_0\times b)C\rho_r(t_r-t_l/3600] \tag{2–64}$$

式中：Q_h为设计小时耗热量，W；q_h为卫生器具热水的小时用水定额，L/h；n_0为同类型卫生器具数；b为1h内卫生器具同时使用系数，宾馆0.55～0.75、医院0.25～0.5；C为水的比热，C=4187J/kg·℃；ρ_r为热水的密度，kg/L；t_r为热水温度，℃；t_l为冷水温度，℃。

2. 定时供应热水。

应用场合：工厂浴室、公共营业性浴室、学校、剧院、体育馆等。定时供应热水系统的热负荷也按照设计小时耗热量选取，通常根据卫生器具种类和数量确定

$$Q_h = \sum[(q_h \times n_0 \times b)C\rho_r(t_r - t_l/3600] \tag{2-65}$$

式中；Q_h为设计小时耗热量，W；q_h为卫生器具热水的小时用水定额，L/h；n_0为同类型卫生器具数；b为1h内卫生器具同时使用系数，住宅、旅馆、医院取 0.7～1.0，供水时间应不小于2h，工业生活间、公共浴室、学校、剧院、体育馆等取1.0，住宅一户带多个卫生间时，只按一个卫生间计算；C为水的比热，C=4187（J/kg·℃）；ρ_r为热水的密度，kg/L；t_r为热水温度，℃；t_l为冷水温度，℃。

2.3　综合能源规划建模及求解

2.3.1 综合能源系统基本构架及设计方法

综合能源系统是以电、太阳能、风能以及地热等为能源，包含可再生能源设备、节能设备和储能设备的综合能源供应系统，以满足设计区域内的电负荷、热负荷以及冷负荷的综合能源需求。综合能源系统能量流如图2–1所示。

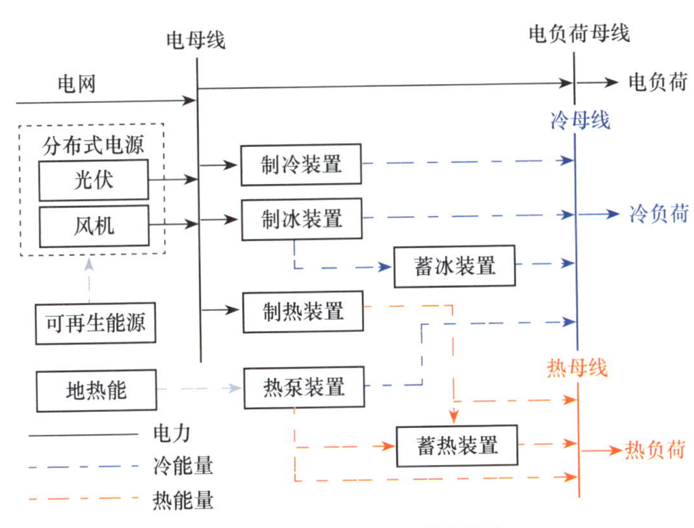

图2–1　综合能源系统能量流

综合供能系统的设计目标是根据用户对不同能源型式的需求（冷气、暖气、热水、电、蒸汽等），利用区域内可获得的能源

型式（燃气、电、光、风、地热、工业余热等），优化组合各种能源转换装置满足用户长期变化的供能需求，并获得经济、环保等方面的综合效益最大化。

综合能源站的基本架构设计应注意遵循如下原则：

（1）基本架构中应包含用户需要的所有能源类型和该区域环境可以获得的所有能源型式。这里的环境允许指的是转换该类型能源所需的能源转换装备具备的安装条件。如具备光伏安装的屋顶和墙面、满足风机或光热转换装置的安装场地要求等。

（2）基本架构中应包含满足场地需求和用户需求规模的所有可行的能源转换技术类型和储能技术类型。图2-2给出了常见能源型式及其与能源转换和储存装备的连接关系。

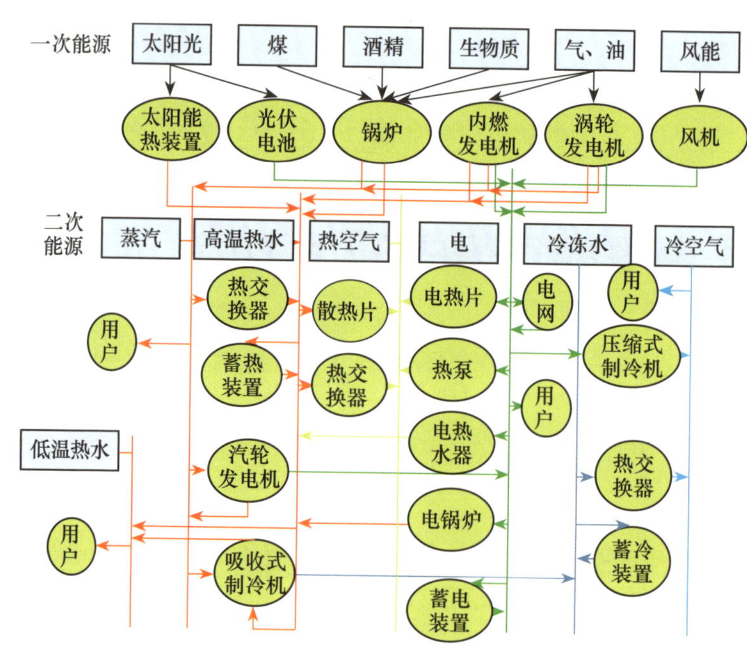

图2-2　能源型分类与转换示意图

实际应用中能源站基本架构的设计主要步骤如下：

（1）列出用户需要供给的所有能源型式类型，记为售出能源集合 $E=[e_1, e_2, \ldots, e_{no}]$。需要关注的是，由于关注的是综合能源站的供能型式，因此这里的售出能源型式并不一定是用户最终利用的能源型式，而是用户室内安装的热交换器的输入能源型式。若用户室内的取暖和制冷交换器采用水源型，则集合 E 中的能源型式应该是高温热水和冷冻水。如果室内采用蒸汽换热器，则集合E中的能源型式是蒸汽。另外，应评价用户侧是否具备条件同时安装电制热或者电制冷设备作为集中供冷和供暖的补充，如果是，则应将热空气或冷空气也作为售出能源型式加入集合E。总之集合E中的供给能源型式应该尽可能全面，以保证后续优化结果的全面性。

（2）列出所有可能从外部购入的能源型式，记为购入能源集合$P=[p_1, p_2, \ldots, p_{ni}]$。同样，应尽可能地考虑所有可能获得的输入能源型式，如光能、风能、地热能、天然气等。

（3）列出以P中的能源类型为输入，E中的能源类型为输出，当前技术较成熟且有工业化产品的所有能量转换设备类型，记为集合Ψ。

（4）对E中每种能源类型，如果存在技术较成熟且工业化产品的储能装备，将其列入储能设备集合Φ。

（5）以行表示$\Psi+\Phi$中的每一种装备，以列表示$P+E$中的每一种能源型式，形成如下能源转换关系，其中矩阵R如下所示，

$$R(i,j)=\begin{cases}1, & \text{第}\,i\,\text{种装备以第}\,j\,\text{种能源型式为输入能源}\\ -1, & \text{第}\,i\,\text{种装备以第}\,j\,\text{种能源型式为输出能源}\\ 2, & \text{装备}\,i\,\text{储存能源}\,j\text{，以之为输入/输出}\\ 0, & \text{装备}\,i\,\text{与第}\,j\,\text{种能源型式无联系}\end{cases} \tag{2-66}$$

根据上述关系矩阵，可以方便地绘制出全面的候选能源站基本架构。

2.3.2 综合能源系统规划

一、概述

基于不同季节和气象条件，区域对能源形式的需求各不相同，综合能源系统的能源供给设备及其运行工况会有很大不同。因此，可将一个自然年按照综合能源的需求划分为三类能源需求期：非采暖/空调期，采暖期和空调期。综合能源系统通过多种类型供能和储能设备将电能、太阳能、风能以及地热能等转换为所需要的能源形式，满足区域内非采暖/空调期的电负荷需求、采暖期的热负荷需求以及空调期的冷负荷需求。综合能源系统优化规划应充分考虑综合能源系统在全生命周期内不同能源需求情形下的运行情况。综合能源规划主要涉及以下几方面内容：

（1）热力系统规划。主要包括热力存储容量、冷气存储容量规划。

（2）储能系统容量和种类规划。储能的种类有多种，不同储能具有不一样的技术指标、经济指标和适用范围。根据电力系统对备用响应时间和容量的需求，例如小时级别备用、30 min 备用、5 min 备用、1 min 备用和秒级别的备用，并结合储能系统的技术指标和经济性指标，对储能系统中储能的种类以及容量进行规划。

（3）天然气系统规划。主要包括存储气的类型和存储罐的容量。

（4）虚拟电厂规划。包括虚拟电厂的个数与分布规划，虚拟电厂中各分布式电源的构成种类规划，各虚拟电厂管辖的地理范围，虚拟电厂中各类分布式电源容量的最优配比。

（5）连接节点规划。包括储能系统与电力系统的连接节点规划、天然气系统与电力系统连接节点规划、虚拟电厂中各类分布式电源连接节点规划、热力系统与电力系统连接节点的规划。

（6）需求侧响应规划。根据电力系统供需状况制定相应政策。

（7）网络架构规划。包括电力网络、天然气网络以及热力网络的规划。

其中，最为主要和基本的是对综合能源供给和存储设备的类型和数量进行优化。基于规划区域内综合能源整体负荷水平，在备选综合能源供给和存储设备中考虑，针对多种优化规划目标，考虑全寿命周期的优化运行工况，提出区域内的制冷装置、制热装置、储电、储冷和储热装置的优化组合方案。

二、优化目标函数

综合能源系统的常见规划目标包括经济性和环保性，在全生命周期内两种优化目标的数学模型分别介绍如下。

1. 经济性

经济性以综合能源系统全寿命周期内总成本为目标函数。总成本涉及综合能源设备初期费用（设备购置和安装）、维护费用、运行费用以及设备残值。运行费用主要是园区运行所购入能源费用，同时考虑可再生能源发电的补贴收益。经济性目标函数为

$$F^{Eco}=\sum_{i}(B_i+Y\cdot F_i)+Y\sum_{j}\sum_{p}N_p\cdot OC_{p,j}^{Eco}-\sum_{i}RV_i \tag{2-67}$$

式中:B_i为第i种供储能源设备的初始投资费用；F_i为第i种供储能设备每年的运行维护费用；Y为整个系统的工程寿命，年；RV_i为第i种供储能设备残值；N_{p}为一年内第p类能源需求期的天数；$OC_{p,j}{}^{Eco}$为第p类能源需求期的第j种能源在经济性准则下系统典型日运行成本，模型为

$$OC_{p,j}^{Eco}=\sum_{j=1}^{J}\sum_{t=1}^{T}C_{t,j}\cdot P_{t,j}^{TL}\cdot H-\sum_{n=1}^{N}\sum_{t=1}^{T}C^{n}\cdot P_{t}^{n}\cdot H \tag{2-68}$$

式中：T为综合能源系统优化日调度总区间数，一般设T=24；H为每个调度区间的小时数，此时H=1；$C_{t,j}$为第j种能源在第t时刻的价格；$P_{t,j}{}^{TL}$为区域内第j种能源在第t时间间隔内的平均功率；C^{n}为第n种可再生能源发电补贴价格；P_{t}^{n}为第n种可再生能源在t时段的发电功率。

2. 环保性

环保性是以综合能源系统全寿命周期内污染物排放量最低为目标函数。环保性目标函数为

$$F^{Env}=Y\sum_{j}\sum_{p}N_{p}\cdot OC_{p,j}^{Env} \tag{2-69}$$

式中:$OC_{p,j}{}^{Env}$为第p类能源需求期第j种能源在环保性准则下系统典型日运行环境成本，模型为

$$OC^{Env}=\sum_{j=1}^{J}\sum_{t=1}^{T}C_{j}^{E}\cdot P_{t,j}^{TL}\cdot H \tag{2-70}$$

式中: C_{j}^{E}为第j种能源的污染物排放量。

三、规划约束条件

综合能源系统规划约束主要包括以下方面:

（1）初期投资成本约束

$$\sum_{i}B_{i}\leqslant I_{\max} \tag{2-71}$$

式中：$I_{\max}$为最大初期投资成本。

（2）环境成本约束

$$E\leqslant E_{\max} \tag{2-72}$$

式中：E为环境污染治理费用；$E_{\max}$为最大允许环境污染治理费用。

（3）最大负荷约束

$$\sum_{j}P_{\max}^{j}\geqslant S\cdot L_{\max}^{D} \tag{2-73}$$

式中：$L_{\max}^{D}$为规划区域内设计电负荷；S为安全系数；$P^{j}{}_{\max}$为第j种供电设备的最大供电功率。

$$\sum_{j}Q_{\max}^{j}\geqslant S\cdot L_{\max}^{H} \tag{2-74}$$

式中：$L_{\max}^{H}$为规划区域内设计热负荷；S为安全系数；$Q^{j}{}_{\max}$为第j种制热设备的最大供热功率。

$$\sum_j Q_{max}^j \geqslant S \cdot L_{max}^C \tag{2-75}$$

式中：L_{max}^C 为规划区域内设计冷负荷；S 为安全系数；Q_{max}^j 为第 j 种制冷设备的最大供冷功率。

（4）备用容量约束

$$R \geqslant R_{min} \tag{2-76}$$

式中：R 为系统备用容量；R_{min} 为系统最小备用容量；备用容量负荷包括冷、热、电负荷。

（5）可靠性约束

$$\sigma_{LOLP} \leqslant \sigma_{LOLP}^{max} \tag{2-77}$$

式中：σ_{LOLP} 为系统失负荷概率；σ_{LOLP}^{max} 为系统最大失负荷概率。

（6）网络架构规划

$$n_s \leqslant n_s^{max} \tag{2-78}$$

式中：n_s 为系统网络架构稳定系数；n_s^{max} 为系统允许最大网络架构稳定系数；网络架构包括电力网络、热力网络和天然气网络。

（7）需求侧响应规划

$$p_t^{min} \leqslant p_t \leqslant p_t^{max} \tag{2-79}$$

式中：p_t 为系统在时段 t 内的负荷；p_t^{min} 和 p_t^{max} 为系统在时段 t 内响应激励负荷的下限和上限值。

2.3.3 综合能源系统优化规划算法

从数学模型角度，综合能源系统规划问题属于非线性规划问题，求解此类问题的常用数学算法有混合整数随机规划、动态规划以及启发式算法等。

一、粒子群算法

粒子群优化算法（Particle Swarm Optimization,PSO）是从随机解出发，由优化模型的目标函数决定的适应值来决定粒子的更新和优化方向，通过迭代寻找最优解的一类启发式遗传算法，具有算法实现简单、收敛速度快的优势，在解决工程规划问题中获得广泛应用。粒子群算法的流程如图2-3所示。

二、禁忌搜索算法

禁忌搜索（Tabu Search，TS）的思想最早由Glover提出，它是对局部邻域搜索的一种扩展，是一种较新的启发式逐步寻优算法。TS算法的基本思想是：首先产生一个初始解x（为n维向量），采用一组“移动”操作从当前解的邻域中随机产生一系列候选解x^1，x^2，…，x^k，选择其中最好的可行解x'，重复迭代，直到满足一定的终止准则。由于TS算法具有灵活的记忆功能和藐视准则，而且在搜索过程中可以接受劣解，所以具有较强的“爬山”能力和局部搜索能力，搜索时能够跳出局部最优解，转向解空间的其他区域，因此获得更好的全局最优解的概率增加。禁忌搜索算法的一般流程如图2-4所示。

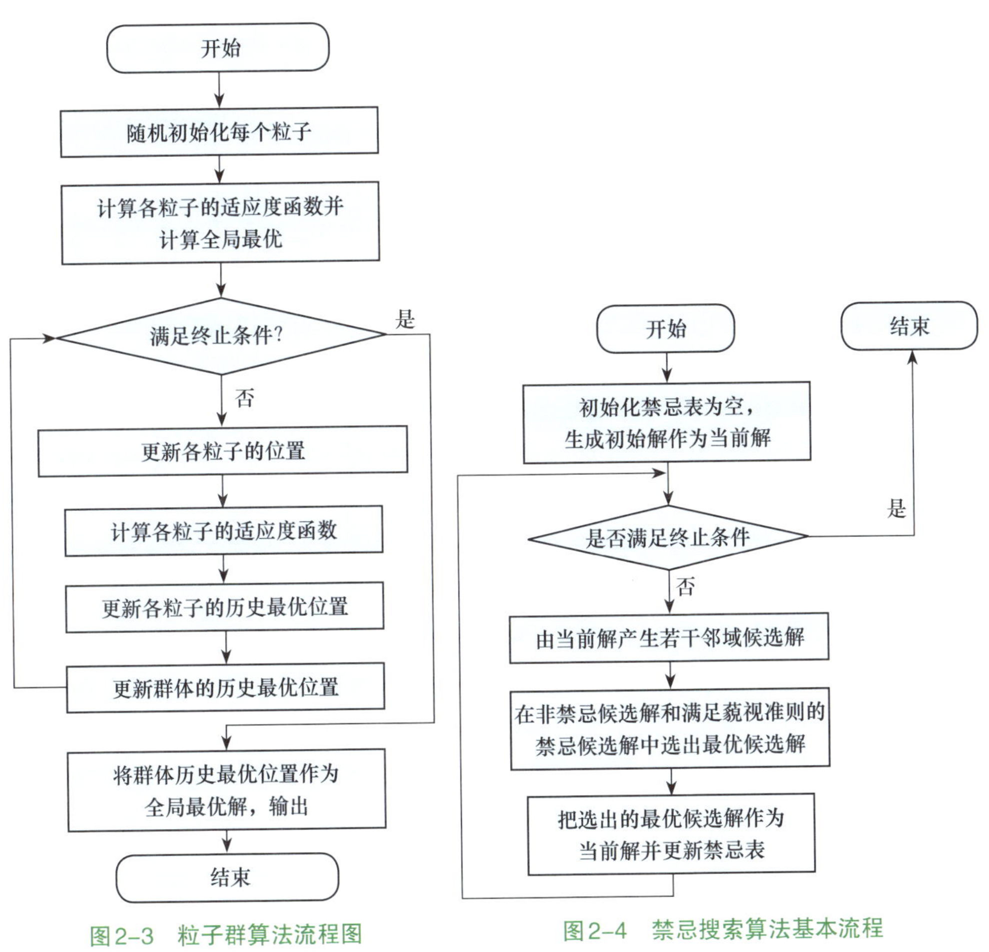

图2-3　粒子群算法流程图

图2-4　禁忌搜索算法基本流程

2.4 综合能源系统评估方法

2.4.1 评估原则

综合评价的基础是建立评价体系，建立评价体系的前提是确定评价原则。评价原则是构建评价体系的指导准则。

评价指标体系是对综合能源系统进行有效评价的关键因素，因此建立评价指标体系时，必须全面考虑综合能源系统的各方面因素及相互联系，由于能源优化集成系统所涉及的因素众多，相互关系复杂，而且兼有定性和定量指标，因此需要以建立的指标选择原则为依据，建立合理、科学、适用的评价指标体系。

（1）一致性原则。该原则要求建立的指标体系必须与决策人员的意愿相符合，而且尽可能与预定的评价内容要求、方针、目标相一致。

（2）完备性原则。该原则要求建立评价指标体系时所选指标要尽可能的全面，能够反映综合能源系统经济、技术、环境、社会效益等方面的综合特征。

（3）简捷性原则。该原则要求指标的选择应尽量简捷，使每个选择指标都具代表性和关键性，减少指标数量，降低工作量。

（4）客观性原则。该原则要求指标应避免主观，保证综合评价的客观、科学与真实性。

（5）可比性原则。该原则要求所选评价指标可以互相比较，分清主次。

（6）有效性原则。该原则要求评价指标应能够有效地反映出各方案在该指标上的差别。通常差别越大，有效性越好。

（7）非相容性原则。该原则要求各指标，应具有相对独立性，互不包容性。

2.4.2 评价体系

本书主要从综合能源系统内部性能特征及外部社会影响等方面，结合现有有关技术措施标准，经过分析对比和提炼筛选，确定从经济、技术、环境和社会4准则层，建立了较为合理的综合评价体系。

一、经济效益评价指标

经济性指标是对综合能源系统进行市场选择的主要指标，包括初投资、运行费、使用寿命和政策支持等。初投资一般有2种估算方法，包括单位面积造价（元／m^2）和单位供热（冷）能力造价（元／kW。其中：单位面积造价一般适用于与建筑物密切相关的各供能环节，如末端设备、管网、户内热源等；单位供热（冷）能力造价一般适用于各类热源（冷源）的初投资评估。运行费用包括能源费用、动力电费、运行管理费用、维修费用等。目前常见的众多供能系统的初投资水平和运行费用差异很大。经济性评价的实质是保证综合能源系统在其整个生命周期中初始资本与运营维护成本的平衡。

1. 初投资

综合能源系统初投资主要包括供能系统设备购置费、机房建设费、材料费、安装调试费、配套工程费等。主要归结为三部分：设备投资费、冷热机房土建费用、施工与运输费用。

2. 年运行费用

由于综合能源系统采用节能技术及产品，系统的初投资可能高于常规供能系统，系统使用过程中同样存在运行费用。综合能源系统的运行费用主要考虑设备运行费用和设备管理费。

（1）设备运行费用。

设备运行费用是指系统在其运行期间冷热源设备、输送设备的运行费用，主要包括冷水（热水）机组、冷却塔、锅炉、循环水泵、辅助设备等的运行费用。

（2）设备运行管理费。

设备运行管理费用主要包括能源系统设备的日常维护清洗、维修费用和管理人员的工资。

3. 使用寿命

能源系统的使用寿命是指其可进行供能生产的期限，其使用寿命越长，供能生产所得产品越多，所得利益也越大，故本评价体系将系统使用寿命作为经济效益的一项评价指标。

4. 政策支持

进入21世纪，由于居民用电量大幅度增加，电力系统峰谷差急剧加大。

再加上油、气等资源供应不足且分布不均匀，各地政府根据当地资源的实际情况制定的政策对综合能源系统的供能模式及所使用的能源有一定程度的导向作用，例如是否采用峰谷电价，是否鼓励使用天然气，对地源热泵系统、太阳能供暖系统是否进行政策补贴等。以上政策会对能源系统的投资及运行费用产生一定影响。

二、技术效益评价指标

1. 一次能源利用率

一次能源利用率是指被评综合能源系统（冷热源系统）输出全年累计采暖、空调所需用热量、用冷量以及生活热水所需用热量与冷热源设备所需一次能源消耗量的比值，反映了供能系统对原始能源利用的情况，同时间接的反映出系统耗能对环境的影响。如下

$$PER=(Q_L+Q_R)/(M_L+M_R) \tag{2-80}$$

式中：Q_L为夏季空调所需用冷量，kWh；Q_R为冬季采暖所需用热量，kWh；M_L为夏季制冷所需一次能源消耗量，kWh；M_R为冬季供热所需一次能源消耗量，kWh。

$$Q_L=q_L A T_L \tag{2-81}$$

$$Q_R=q_R A T_R \tag{2-82}$$

式中：q_L为夏季空调单位面积冷指标，kW/m^2；q_R为冬季采暖单位面积热指标，kW/m^2；T_L为夏季空调时间，h；T_R为冬季采暖时间，h；A为空调、采暖（建筑）面积，m^2。

2. 输送效率

综合能源系统设备包括冷热源设备、循环水泵、风机、输配管网及其他辅助设备构成，其中，输配管网作为能源系统的重要组成部分，每年所需的输送能耗占系统总能耗的比例相对较大，因此有必要将输送效率作为一个独立的评价指标提出来。能源系统的输送效率，即单位输送耗电量下所输送的能源量，按下式计算

$$ES=\frac{Q_L+Q_R}{\sum E_p+\sum E_f} \tag{2-83}$$

式中：E_p为被评能源系统空调、采暖循环水泵全年累计总电耗，kWh；E_f为被评能源系统空调机组、新风机组及末端风机盘管全年累计总电耗，kWh。

三、环境效益评价指标

以CO_2减排量、SO_2减排量、NO_x减排量、粉尘减排量为评价内容，根据系统能源、燃料的消耗量和供能系统所用燃料或能源的污染物排放指标计算出各污染物的年排放量，然后对设计的综合能源系统方案环境效益进行评价。

各种供能模式对环境和大气造成的负面影响包括直接污染和间接污染两种形式。直接污染是指供能系统的各种燃料产生的污染物对环境造成的污染，主要污染物包括烟尘、CO_2、SO_2、NO_2等。对于以电作为动力或者直接进行电加热的能源系统，虽然电能本身没有污染，但由于电力供应主要依靠燃煤火力发电，所以，电力供能虽然没有直接的污染，但仍然有间接污染。

根据消耗一次能源所产生的温室气体和污染气体量的大小，确定对以下种污染物的减排量进行评估。

1. CO_2减排量

$$Q_{CO_2}=\alpha_{CO_2}Q_{xh} \tag{2-84}$$

式中：Q_{CO_2}为能源系统排放量，t/n；Q_{xh}为能源系统所用燃料或能源消耗量；α_{CO_2}为供能系统所用燃料或能源的二氧化碳排放指标。

2. SO_2减排量

$$Q_{SO_2}=\alpha_{SO_2}Q_{xh} \tag{2-85}$$

式中：Q_{SO_2}为能源系统排放量；α_{SO_2}为供能系统所用燃料或能源的二氧化硫排放指标。

3. NO_x减排量

$$Q_{NO_x}=\alpha_{NO_x}Q_{xh} \tag{2-86}$$

式中：Q_{NO_x}为能源系统排放量；α_{NO_x}为供能系统所用燃料或能源的NO_x排放指标。

4. 粉尘减排量

$$Q_{Fc}=\alpha_{Fc}Q_{xh} \tag{2-87}$$

式中：Q_{FC}为能源系统排放量；α_{FC}为供能系统所用燃料或能源的粉尘排放指标。

四、社会效益评价指标

社会效益是指为社会发展所做出的投入与努力和它们所产生的社会效能、利益之比。综合能源系统的社会效益指的是供能系统对促进人类社会的发展所产生的效果和利益。目前，我国供能系统的社会效益评价尚无统一的方法，这里从资源可利用性、价格合理性、能源系统的安全可靠性、技术的成熟性四个方面对综合能源系统的社会效益进行定性化评价。

1. 资源可利用性指标

资源可利用性是指能源系统所需资源的可利用程度。具体为：资源的赋存量丰富程度、资源利用经济性、资源获取便利性，把所需资源推广利用广的程度和难易作为评价指标对供能模式的优劣进行评价。

2. 价格合理性指标

价格合理性指标主要是指供能系统所提供的热或冷货币化和商品化的程度，主要内容为：供能方案是否有利于进行热计量收费；供能价格是否符合市场的供需变化、是否迎合大众的价格承受程度；通过当地政府对供能价格调控的有效程度、供能价格市场化与标准化程度等相关性指标来确定价格是否合理。

3. 安全可靠性指标

能源系统的安全可靠性主要内容为：系统在运行过程中是否容易产生故障、是否易泄露有毒有害气体、是否易发生爆炸危险、系统自动报警与保护装置是否齐全，功能是否完备、自动监测与控制系统是否便于对整个系统进行监控与管理。

供能系统高效运行需要重视供能系统运行过程中的安全问题、消除各种安全隐患、提高设备运行的可靠性。根据相关统计资料显示，采用较为完善的自动监测与控制系统后，供能系统每年可以降低约20%的运行能耗。故将安全可靠性作为综合能源系统社会效益的一项评价指标是很有必要的。

4. 技术成熟性指标

将供能技术发展的生命周期划分为导入、成长、成熟、衰退四期。导入期是指新技术创意产生并开发成功，技术开始推广，各项性能在实践中会不断改进的时期。成长期是指新技术已被成功地应用，开发商及顾客开始认可并从中受益，新技术产品开始拓展推广的阶段。成熟期是指新技术被普遍接受，各项性能指标均达到领先水准，技术产品得到大面积推广应用的阶段。衰退期是指此项技术失去领先地位，技术落后并被更先进的新技术替代的阶段。

综合能源系统优化集成技术应用成熟性主要内容为：考虑该技术是否已

经取得长足性的理论与科研发展，是否积累了大量的工程实践经验，是否拥有大量的专业性技术人才作为其发展的强力后盾，是否得到当地政府及国家政策的支持，是否能够满足人们的供能需求等方面的因素。从上面可以看出，技术的成熟性对系统的经济性、运行的安全可靠性、节能性等都有一定的影响，所以将技术的成熟性作为能源系统的一项评价指标。

2.4.3 评估方法

当建立完成综合能源系统的评价体系后，需要采取合适的评估方法对其进行具体的量化评估，下面我们介绍几种评估算法。

一、TOPSIS法（逼近理想解排序法）

TOPSIS（Technique for Order Preference by Similarity to Ideal Solution）法是系统工程中有限方案多目标决策分析的一种常用方法。它是基于归一化后的原始数据矩阵，找出有限方案中的最优方案和最劣方案（分别用最优向量和最劣向量表示），然后分别计算诸评价对象与最优方案和最劣方案的距离，获得各评价对象与最优方案的相对接近程度，以此作为评价优劣的依据。

1. 基本原理

TOPSIS法是逼近于理想解的技术，它是一种多目标决策方法。其基本思路是定义决策问题的理想解和负理想解，然后在可行方案中找到一个方案，使其距理想解的距离最近，而距负理想解的距离最远。

理想解一般是设想最好的方案，它所对应的各个属性至少达到各个方案中的最好值；负理想解是假定最坏的方案，其对应的各个属性至少不优于各个方案中的最劣值。方案排队的决策规则，是把实际可行解和理想解与负理想解作比较，若某个可行解最靠近理想解，同时又最远离负理想解，则此解是方案集的满意解。

2. 距离的测度

采用相对接近测度。设决策问题有m个目标f_j（$j=1,2,\cdots,m$），n个可行解$Z_i=(Z_{i1},Z_{i2},\cdots,Z_{im})$（$i=1,2,\cdots,n$）；并设该问题的规范化加权目标的理想解是$Z^*$，其$Z^+=(Z_1^+,Z_2^+,\cdots,Z_M^+)$，那么用欧几里得范数作为距离的测度，则从任意可行解Z_i到Z^+的距离为

$$s_i^+ = \sqrt{\sum_{j=1}^{m}(Z_{ij} - Z^+{}_j)^2} \quad i=1,\cdots,n \tag{2-88}$$

式中：Z_{ij}为第j个目标对第i个方案（解）的规范化加权值。同理，设$z^- = (Z_1^-, Z_2^-, \cdots, Z_m^-)^T$为问题的规范化加权目标的负理想解，则任意可行解$Z_i$到负理想解$Z^-$之间的距离为

$$s_i^- = \sqrt{\sum_{j=1}^{m}(Z_{ij} - Z_j^-)^2} \quad i=1,\cdots,n \tag{2-89}$$

那么，某一可行解对于理想解的相对接近度定义为

$$C_i = \frac{S_i^-}{S_i^- + S_i^+} \quad 0 \leqslant C_i \leqslant 1, i=1,\ \cdots,\ n \tag{2-90}$$

于是，若Z_i是理想解，则相应的$C_i=1$；若Z_i是负理想解，则相应的$C_i=0$。Z_i越靠近理想解，C_i越接近于1；反之，越接近负理想解，C_i越接近于0。那么，可以对C_i进行排队，以求出满意解。

3. TOPSIS法计算步骤

第一步：设某一决策问题，其决策矩阵为A。由A可以构成规范化的决策矩阵Z'，其元素为Z'_{ij}，且有

$$z'_{ij} = \frac{f_{ij}}{\sqrt{\sum_{i=1}^{n} f_{ij}^2}} \qquad i = 1,2,\cdots,n; j = 1,2,\cdots,m \tag{2-91}$$

式中：f_{ij}由决策矩阵给出。

$$A = \begin{bmatrix} f_{11} & f_{12} & \cdots & f_{1m} \\ f_{21} & f_{22} & \cdots & f_{2m} \\ \vdots & \vdots & \cdots & \vdots \\ f_{\mu 1} & f_{\mu 2} & \cdots & f_{\mu m} \end{bmatrix} \tag{2-92}$$

第二步：构造规范化的加权决策矩阵Z，其元素Z_{ij}

$$Z_{ij} = W_j Z'_{ij} \quad i=1,\ \cdots,\ n; \quad j=1,\ \cdots,\ m \tag{2-93}$$

W_j为第j个目标的权。

第三步：确定理想解和负理想解。如果决策矩阵Z中元素Z_{ij}值越大表示方案越好，则

$$Z^+ = (Z_1^+, Z_2^+, \cdots, Z_m^+) = \{\max_i Z_{ij} \mid j = 1,2,\cdots,m\} \tag{2-94}$$

$$Z^- = (Z_1^-, Z_2^-, \cdots, Z_m^-) = \{\max_i Z_{ij} \mid j = 1,2,\cdots,m\} \tag{2-95}$$

第四步：计算每个方案到理想点的距离S_i和到负理想点的距离S_i^-。

第五步：按式计算C_i，并按每个方案的相对接近度C_i的大小排序，找出满意解。

多目标综合评价排序的方法较多，各有其应用价值。在诸多评价方法中，TOPSIS法充分利用了原始数据的信息，其结果能精确地反映各评价方案之间的差距，指标无限制，计算简单。不仅适合小样本资料，也适用于多评价对象、多指标的大样本资料。利用TOPSIS法进行综合评价，可得出良好的可比性评价排序结果。

二、层次分析法

目前，层次分析法（AHP）是分析多目标、多准则的复杂问题的有力工具。应用层次分析法解决问题的思路是，首先，把要解决的问题分层次系列化，将问题分解为不同的组成因素，按照因素之间的相互影响和隶属关系将其分层聚类组合，形成一个递阶的、有序的层次结构模型。然后，对模型中每一层次因素的相对重要性，依据人们对客观现实的判断给予定量表示，再利用数学方法确定每一层次全部因素相对重要性次序的权值。最后，通过综合计算各层因素相对重要性的权值，得到最低层（方案层）相当于最高层（总目标）的相当重要性次序的组合权值，以此作为评价和选择方案的依据。

1. 建立层次结构模型

运用AHP进行系统分析，首先要将所包含的因素分组，每一组作为一个层次，把问题条理化、层次化，构造层次分析的结构模型。这些层次大体上可分为3类。

（1）最高层：在这一层次中只有一个元素，一般是分析问题的预定目标或理想结果，因此又称目标层。

（2）中间层：这一层次包括了为实现目标所涉及的中间环节，它可由若干个层次组成，包括所需要考虑的准则、子准则，因此又称为准则层。

（3）最底层：表示为实现目标可供选择的各种措施、决策、方案等，因此又称为措施层或方案层。

2. 构造判断矩阵

AHP的信息基础主要是人们对每一层次各因素的相对重要性给出的判断，重要性数值的矩阵表达形式就是判断矩阵。当上、下层之间关系被确定之后，需确定与上层某元素（目标A或某个准则Z）相联系的下层各元素在上层元素

Z之中所占的比重。

假定A层中因素A_k与下一层次中因素B_1，B_2，…，B_n有联系，则我们构造的判断矩阵（见表2-2）。

表2-2 判断距阵

A_k	B_1	B_2	…	B_n
B_1	b_{11}	b_{12}	…	b_{1n}
B_2	b_{21}	b_{22}	…	b_{2n}
⋮	⋮	⋮	⋮	⋮
B_n	b_{n1}	b_{n2}	…	b_{nn}

b_{ij}是对于A_k而言，B_i对B_j的相对重要性的数值表示，判断矩阵表示针对上一层次某因素而言，本层次与之有关的各因素之间的相对重要性。对重要性程度可基于1～9重要性标度表（见表2-3），并通过专家评分法得到相对重要性数值，最终得到判断矩阵$B=(b_{ij})_{nxn}$。

表2-3 重要性标度含义表

重要性标度	含义
1	表示两个元素相比，具有同等重要性
3	表示两个元素相比，前者比后者稍重要
5	表示两个元素相比，前者比后者明显重要
7	表示两个元素相比，前者比后者强烈重要
9	表示两个元素相比，前者比后者极端重要
2，4，6，8	表示上述判断的中间值
倒数	若元素i与元素j的重要性之比为b_{ij}，则元素j与元素i的重要性之比为$b_{ji}=\frac{1}{b_{ij}}$

3. 层次单排序

层次单排序是指根据判断矩阵计算对于上一层某因素而言，本层次与之有联系的因素的重要性次序的权值。它是本层次所有因素相对上一层而言的重要性进行排序的基础。

层次单排序可以归结为计算判断矩阵的特征根和特征向量问题，即判断矩阵B

$$BW = \lambda_{\max} W \tag{2-96}$$

式中：$\lambda_{\max}$为B的最大特征根；W为对应于$\lambda_{\max}$的正规化特征向量；W的分量W_i即是相应因素单排序的权值。

为了检验矩阵的一致性，需要计算它的一致性指标CI，CI的定义为

$$CI = \frac{\lambda_{\max} - n}{n-1} \tag{2-97}$$

显然，当判断矩阵具有完全一致性时，CI=0。$\lambda_{\max} - n$越大，CI越大，判断矩阵的一致性越差。注意，矩阵B的n个特征值之和恰好等于n，所以CI相当于除$\lambda_{\max}$外其余n–1个特征根的平均值。为了检验判断矩阵是否具有满意的一致性，需要找出衡量矩阵B的一致性指标CI的标准，引入随机一致性指标表，即表2–4。

表2–4　矩阵的平均随机一致性指标

阶数	1	2	3	4	5	6	7	8	9
RI	0.00	0.00	0.58	0.90	1.12	1.24	1.32	1.41	1.45

判断矩阵的一致性指标CI，与同阶平均随机一致性的指标RI之比CI/RI称为判断矩阵的随机一致性比率，记为CR。当CR<0.01时，判断矩阵具有满意的一致性，否则就需对判断矩阵进行调整。

4. 层次总排序

基于同一层次中所有层次单排序的结果，便可计算针对上一层次而言本层次所有因素重要性的权值，这就是层次总排序。层次总排序需要从上到下逐层顺序进行，设已算出第k–1层上n个元素相对于总目标的排序为

$$w^{(k-1)} = (w_1^{k-1}, \cdots, w_n^{k-1})^{\mathrm{T}}$$

第k层n_k个元素对于第k–1层上第j个元素为准则的单排序向量

$$u_j^{(k)} = (u_{1j}^{k}, u_{2j}^{k} \cdots, u_{n_k j}^{(k)})^T$$

$$j=1,2,\ldots,n$$

$$k=1,2,\ldots,n_k$$

其中，不受第j个元素支配的元素权重取零，于是可得到$n_k \times n$阶矩阵。

$$U^{(k)} = (u_1^{(k)}, u_2^{(k)}, \cdots, u_n^{(k)}) = \begin{bmatrix} u_{11}^{(k)} & u_{12}^{(k)} & \cdots & u_{1n}^{(k)} \\ u_{21}^{(k)} & u_{22}^{(k)} & \cdots & u_{2n}^{(k)} \\ \vdots & \vdots & \vdots & \vdots \\ u_{n_k 1} & u_{n_k 2}^{(k)} & \cdots & u_{n_k n}^{(k)} \end{bmatrix}$$

其中，$U^{(k)}$中的第j列为第k层nk个元素对于第k–1层上第j个元素为准则的单排序向量。

记第k层上各元素对总目标的总排序为

$$w^{(k)}=(w_1^{(k)},\cdots,w_n^{(k)})^T$$

则

$$w^{(k)}=U^{(k)}w^{(k-1)}=\begin{pmatrix} u_{11}^{(k)} & u_{12}^{(k)} & \cdots & u_{1n}^{(k)} \\ u_{21}^{(k)} & u_{22}^{(k)} & \cdots & u_{2n}^{(k)} \\ \vdots & \vdots & \vdots & \vdots \\ u_{n_k1}^{(k)} & u_{n_k2}^{(k)} & \cdots & u_{n_kn}^{(k)} \end{pmatrix}\begin{pmatrix} w_1^{(k-1)} \\ w_2^{(k-1)} \\ \vdots \\ w_n^{(k-1)} \end{pmatrix}=\begin{matrix} \sum_{j=1}^{n} u_{1j}^{(k)}w_j^{(k-1)} \\ \sum_{j=1}^{n} u_{2j}^{(k)}w_j^{(k-1)} \\ \vdots \\ \sum_{j=1}^{n} u_{n_kj}^{(k)}w_j^{(k-1)} \end{matrix}$$

即有

$$w_i^{(k)}=\sum_{j=1}^{n}u_{ij}^{(k)}w_j^{(k-1)},\quad i=1,2,\cdots,n_k \tag{2–98}$$

5. 一致性检验

通过计算与单排序类似的检验量来评价层次总排序计算结果的一致性。由高层逐层进行检验。设第k层中某些因素对k–1层第j个元素单排序的一致性指标为$CI_j^{(k)}$，平均随机一致性指标为$RI_j^{(k)}$（k层中与k–1层的第j个元素无关时，不必考虑），那么第k层的总排序的一致性比率为

$$CR^{(k)}=\frac{\sum_{j=1}^{n_k}w_j^{(k-1)}CI_j^{(k)}}{\sum_{j=1}^{n_k}w_j^{(k-1)}RI_j^{(k)}} \tag{2–99}$$

同样，当$CR^{(k)}\leqslant 0.01$时，我们认为层次总排序的计算结果具有满意的一致性。

第三章

综合能源信息服务平台

综合能源服务系统涉及分布式能源、清洁能源、新能源、储能等多种能源供给方式，以及不同用户的用能体验，因此搭建能源管理平台可以有效对综合能源系统进行全方位的管控。本章对综合能源信息服务平台架构、功能及关键技术等方面进行简单的介绍。

综合能源信息服务平台建立能源的监测采集系统，实现能源实时监测和展现，通过分层、分类的方式部署多级采集模块和关键数据采集技术监测区域内电、燃气、冷热、水等能源情况以及管网情况、公共楼宇、工企业等多元用户用能情况，并通过能量平衡、能效对比等多维度指标分析，对综合能源系统进行优化调度。多能源优化调度控制是实现智能化能源管控的最核心功能，其在考虑经济和用户舒适度约束的基础上，通过电、燃气、冷热、水等系统的优化耦合，调整能源供需的最优化，保证能源调控的及时性、可靠性和安全性，实现分布式能源的有效消纳、峰谷电价的充分利用、降低负荷峰值、提高能源使用效率。为有效支撑综合能源体系的业务运行，平台系统设计遵循以下基本原则。

（1）规范性原则。系统架构设计遵循国家或行业的《应用软件架构设计规范》《公共数据模型（SG-CIM）》《应用集成技术规范》《软硬件目标架构设计规范》《应用安全设计规范》以及其他架构设计和技术规范要求。

（2）实用性原则。在实用的基础上考虑先进性和前瞻性，切实满足工作需求。

（3）安全性原则。遵循国家或行业的《信息安全防护体系》要求，并结合智慧能源管控系统业务应用的特点，采用相关安全机制和技术手段保障系统的应用安全、数据安全、主机安全、网络安全、物理安全。

（4）可靠性原则。系统应满足应用7×24h可靠运行的要求，系统关键环节软硬件资源设计采用高可靠性方案，保证系统运行的高度可靠。

（5）可扩展性原则。系统应采用柔性设计，拥有良好的可扩展性，具备业务处理的灵活配置能力，能随着业务需求变化灵活调整与扩展。

（6）经济性原则。系统应满足经济性要求，充分利用现有技术手段，整合各类信息系统资源，进行综合利用与再开发，有效节约投资成本。

3.1 信息数据采集平台

综合能源信息数据采集平台综合利用了计算机技术、控制技术、通信与网络技术，主要是对综合能源系统内的分布式发电、燃气热机、储能、采暖、供冷、充电桩等系统进行测控点、各种过程和设备的实时数据采集，并对本地或远程的自动控制状态、生产过程中的全面实时监控，为安全生产、调度、优化和故障诊断提供必要和完整的数据及技术手段。

以SCADA、Lonworks等先进数据监控采集技术为基础，综合能源信息数据采集平台实现完整的、高性能的、稳态实时数据采集和监控功能，是后续所有预警、控制等功能的基础。

3.1.1 信息数据采集平台架构

信息数据采集平台主要是汇总综合能源各子系统执行器、传感器等设备的运行状态及相关数据，与各子系统的本地控制系统、重要设备相互协调，主要架构如图3-1所示。

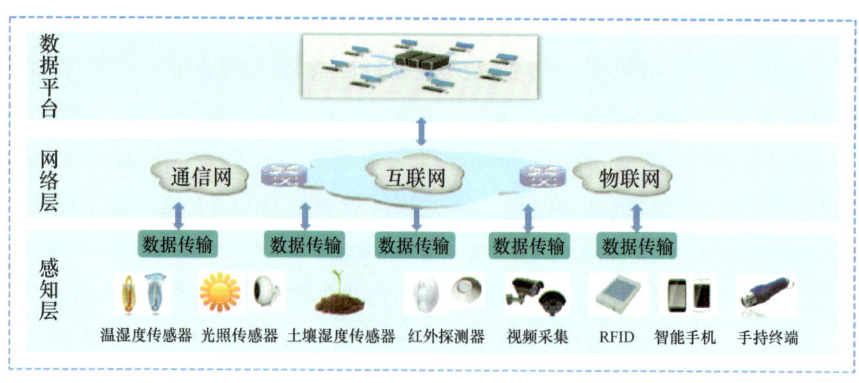

图3-1　信息数据采集平台架构图

一、感知层

感知层主要提供分布式发电系统、燃气热机系统、储能系统、采暖系统、供冷系统、充电桩系统、居民用户、大用户等系统主要设备的重要参数，如空调、照明、热水器、分布式储能、CCHP、分布式光伏发电的逆变器运行参数和运行状态、冷机的供回水温度及功率等。

具体测控点是各受控设备和各类自控元器件，如传感检测元件、执行机构（电动阀）、系统控制柜、变频器等。各种检测元器件如同遍布于人体中的神经网络，精确、及时的感应着系统运行的微小变化，各个关键测控点的数据以电流或电压信号通过弱电系统传递至PLC系统中的输入模块，控制系统的中枢神经PLC中的CPU模块通过内植的控制软件可以比较出实测值与目标值之间的差异，通过PID比例积分计算、延时计算等自动控制算法计算各种执行机构应执行的动作以及动作的幅度，再通过输出模块将控制程序计算结果反馈到网络层。

二、网络层

网络层综合利用了计算机技术、控制技术、通信与网络技术，对综合能源系统内重要设备及各子系统进行自控对接，并将相关数据实时准确的传输至监控平台。区域内通信以RS-485/PLC为主，终端设备到能量管理集中器通信以RS-485/Zigbee/WiFi为主，能量管理集中器到能源服务平台通信以光纤专网/VPN/GPRS/现场总线为主，考虑到负荷采集和控制的设备涉及客户信息，需要对数据加密后进行传输。例如平台通过MODBUS485协议连接风力发电系统风机的输出功率和电机的温度，通过以太网、PROFIBUS通信总线管控地源热泵系统的整体运行，详见图3-2。

三、数据平台

数据平台统一信息资源标准规范，建立多维度数据库，拓宽数据来源，通过不同的方式汇聚数据，增强分析力度，提高监测预警的准确性和时效性，为安全生产、调度、优化和故障诊断提供必要和完整的数据基础。

（1）预留接口，支持各子系统各种数据的上传导入处理。将现存有关能源运行业务系统中的历史数据和时效数据，通过上传数据文件至服务器、分析提取有效数据导入服务器数据库等方式采集起来，在本平台上使用。

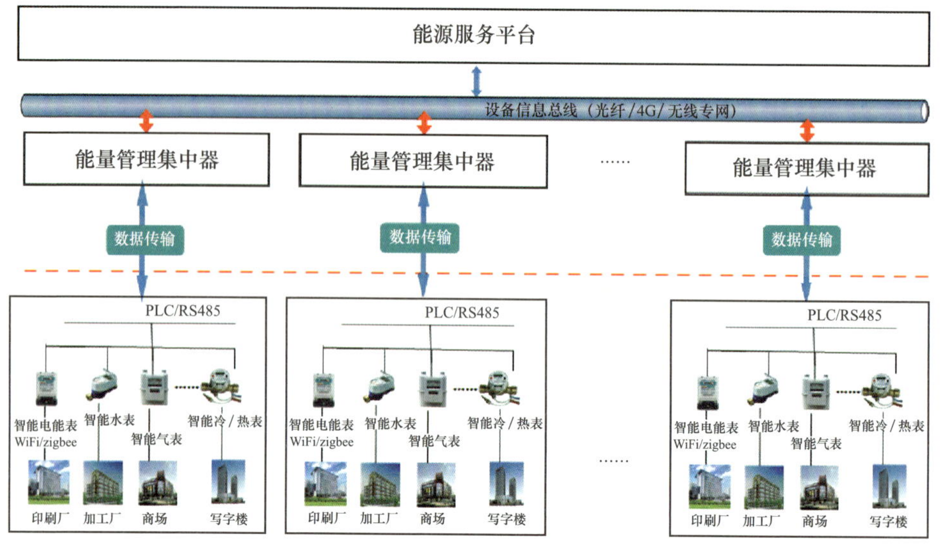

图3-2 网络传输层

（2）支持外接数据的上传导入处理。可以将企业单位或定点监测机构的数据通过同样的方式采集起来，在本平台上使用。

（3）支持非结构化能源数据，即搜索引擎数据、社交媒体数据、地理空间数据和音视频数据等。

3.1.2 信息数据采集平台组成

信息数据采集平台主要由若干个能源子系统组成，本节主要介绍分布式发电系统、燃气热机系统、储能系统、供冷热系统、充电桩系统等能源子系统。

一、分布式发电系统

1. 光伏发电系统

对光伏发电的实时运行信息和报警信息进行全面的监视，并对光伏发电进行多方面的统计和分析，实现对光伏发电的全方面掌控，如图3-3所示。

光伏发电信息采集最主要提供以下功能：

（1）实时显示光伏的当前发电总功率、日发电总量、累计总发电量及每日发电功率曲线图。

（2）查看各光伏逆变器的运行参数，主要包括直流电压、直流电流、直流功率、交流电压、交流电流、频率、当前发电功率、功率因数、日发电量、

图 3–3　光伏发电系统监控和统计图

累计发电量、逆变器机内温度以及24h内的功率输出曲线图等。

（3）监视逆变器的运行状态，采用声光报警方式提示设备出现故障，查看故障原因及故障时间，故障信息包括：电网电压过高、电网电压过低、电网频率过高、电网频率过低、直流电压过高、直流电压过低、逆变器过载、逆变器过热、逆变器短路、散热器过热、逆变器孤岛、通信失败等。

（4）预测光伏发电的短期和超短期发电功率，为综合能源优化调控提供依据。

（5）调节光伏发电功率，控制光伏逆变器的启停。

2. 风力发电系统

对风力发电的实时运行信息和报警信息进行全面的监视，并对风力发电进行多方面的统计和分析，实现对风力发电的全方面掌控，如图3–4所示。

图 3–4　风力发电系统监控和统计图

风力发电信息采集最主要提供以下功能：

（1）实时显示风力发电的当前发电总功率、日发电总量、累计总发电量及每日发电功率曲线图。

（2）查看风机运行状态参数，主要包括三相电压、三相电流、电网频率、功率因数、输出功率、发电机转速、发电机绕组温度、齿轮箱油温、环境温度、控制板温度、机械制动闸片磨损及温度、电缆扭绞、机舱振动、风速仪和风向仪等。

（3）预测风力发电的短期和超短期发电功率，为综合能源优化调控提供依据。

（4）调节风力发电功率，控制光伏逆变器的启停。

3. 其他发电系统

其他发电系统与上述发电系统类似，需要监控的内容均为当前分布式发电系统输出电压、工作电流、输入功率、并网电流、并网功率、电网电压、当前发电功率、功率因数、日发电量、累计发电量、24h内的功率输出曲线图以及24h内的并网功率曲线图。其目的都是为实现系统的安全稳定运行提供数据基础。

二、燃气热机系统

对燃气热机系统的实时运行信息和报警信息进行全面的监视，并对燃气发电进行多方面的统计和分析，实现对燃气热机系统的全方面掌控，如图3–5所示。燃气系统信息采集最主要提供以下功能：

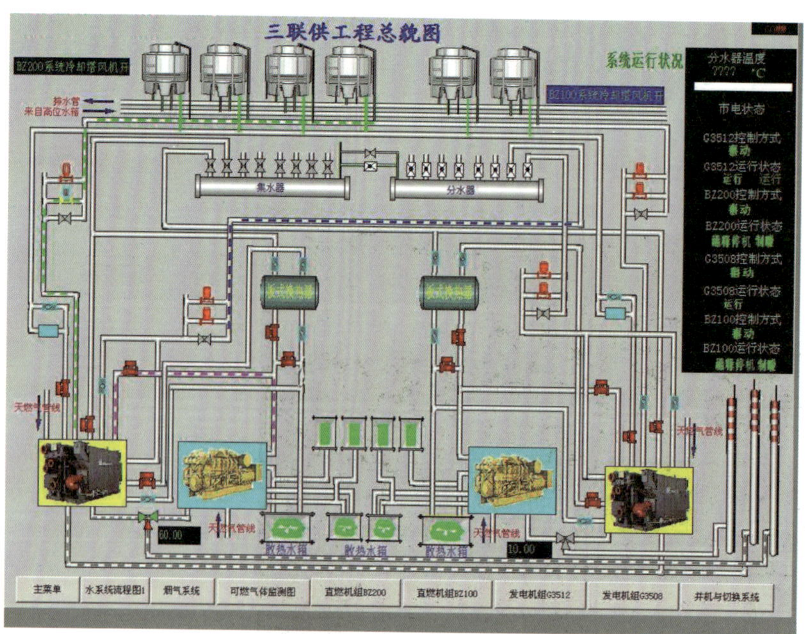

图3–5　燃机运行系统监控和统计图

（1）实时显示燃气发电的当前发电总功率、日发电总量、累计总发电量及每日发电功率曲线图、热水系统流程图、可燃气体监测图、烟气系统等。

（2）查看燃机运行状态参数，主要包括三相电压、三相电流、电网频率、功率因数、输出功率、发电机转速、机组油温、环境温度、控制板温度等。

（3）预测燃机发电的短期、超短期发电功率和产热功率、产热量，为综合能源优化调控提供依据。

（4）调节燃机发电功率和产热功率，控制燃机的启停。

三、储能系统

对储能电池和PCS的实时运行信息、报警信息进行全面的监视，并对储能系统进行多方面的统计和分析，实现对储能系统的全方面掌控，如图3–6所示。储能系统信息采集最主要提供以下功能：

（1）实时显示储能系统的当前可放电量、可充电量、最大放电功率、当前放电功率、可放电时间、总充电量、总放电量。

（2）遥信。交直流双向变流器的运行状态、保护信息、告警信息。其中，保护信息包括低电压保护、过电压保护、缺相保护、低频率保护、过频率保护、过电流保护、器件异常保护、电池组异常工况保护、过温保护。

（3）遥测。交直流双向变流器的电池电压、电池充放电电流、交流电压、输入／输出功率等。

（4）遥调。对电池充放电时间、充放电电流、电池保护电压进行遥调，实现远端对交直流双向变流器相关参数的调节。

（5）遥控。对交直流双向变流器进行远端遥控电池充电、电池放电。

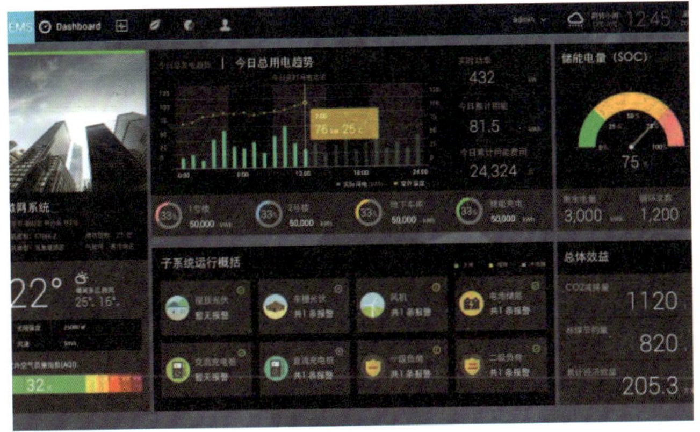

图3–6　储能系统监控和统计图

四、冷热负荷系统

1. 热负荷系统

对热负荷运行信息、报警信息进行全面的监视，并对热负荷进行多方面的统计和分析，实现对热负荷的全方面掌控，如图3–7所示。监控系统通过对供热设备、板式换热器、循环水泵、系统管路调节阀进行控制，自动调整蓄热和放热等运行工况，最经济的情况下给末端提供稳定的供水温度，对整个系统实行压力、温度、液位、缺水、电源缺相等多重保护，确保系统安全工作；调整蓄热系统各应用工况的运行模式，使系统在任何负荷情况下能达到设计参数并以最可靠的工况运行，保证空调的使用效果。

热负荷系统监控主要功能如下：

（1）监测热源设备的电压、电流、输出功率、供回水温度、电动阀门的开启状态记录。

（2）记录热负荷最大功率及出现时间、最大三相电压出现时间、最大三相功率因数及出现时间。

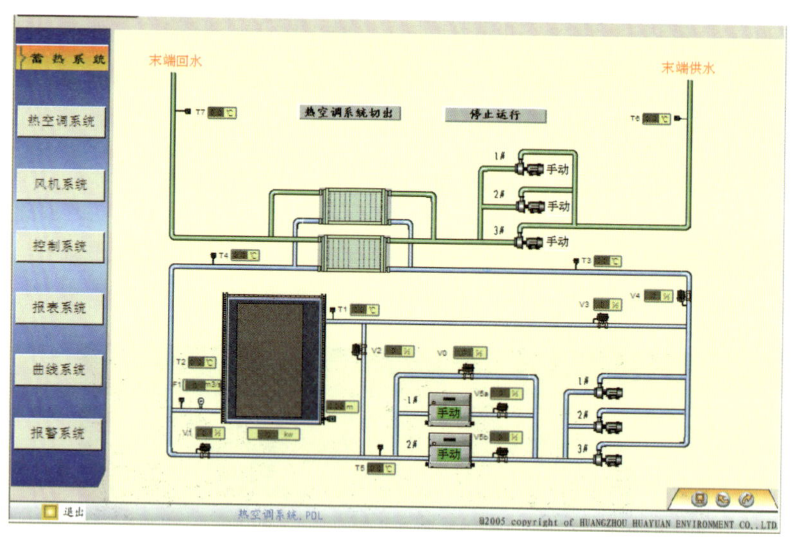

图3–7　供热系统监控和统计图

（3）提供热负荷曲线图、设备运行时间记录及故障报警记录。

（4）预测当天热负荷。

（5）从经济/环保角度分析合适的运行方案。

（6）从平台下达运行指令。

2. 冷负荷系统

对冷负荷运行信息、报警信息进行全面的监视，并对冷负荷进行多方面的统计和分析，实现对冷负荷的全方面掌控，如图3–8所示。监控系统通过对供冷设备、板式换热器、循环水泵、系统管路调节阀进行控制，自动调整蓄冷和放冷等运行工况，最经济的情况下给末端提供稳定的供水温度，对整个系统实行压力、温度、液位、缺水、电源缺相等多重保护，确保系统安全工作；调整蓄冷系统各应用工况的运行模式，使系统在任何负荷情况下都能达到设计参数并以最可靠的工况运行，保证空调的使用效果。

冷负荷系统监控主要功能如下：

（1）监测冷源设备的电压、电流、输出功率、供回水温度、电动阀门的开启状态记录。

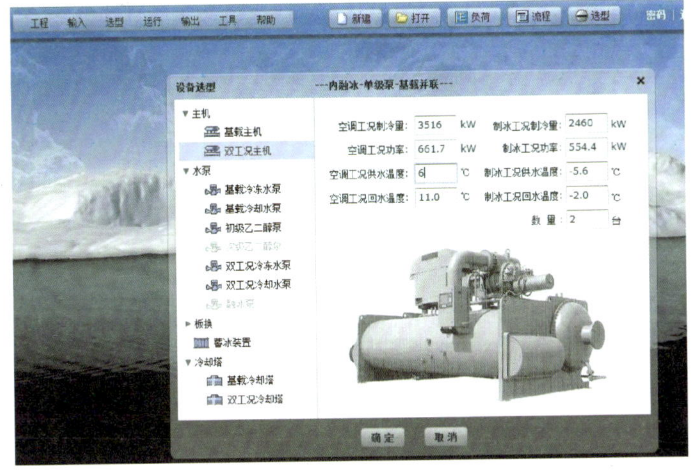

图3–8　供冷系统监控和统计图

（2）记录冷负荷最大功率及出现时间、最大三相电压出现时间、最大三相功率因数及出现时间。

（3）提供冷负荷曲线图、设备运行时间记录及故障报警记录。

（4）预测当天冷负荷。

（5）从经济/环保角度分析合适的运行方案。

（6）从平台下达运行指令。

五、充电桩系统

对充电桩系统运行信息、报警信息进行全面的监视，并对充电桩进行多方面的统计和分析，实现对充电桩的全方面掌控，如图3-9所示。充电桩监控系统提供充电监控人机交互界面，实现充电桩的监控和数据收集、查询等工作；数据服务器存储整个充电系统的原始数据和统计分析数据等，提供数据服务及其他应用服务。

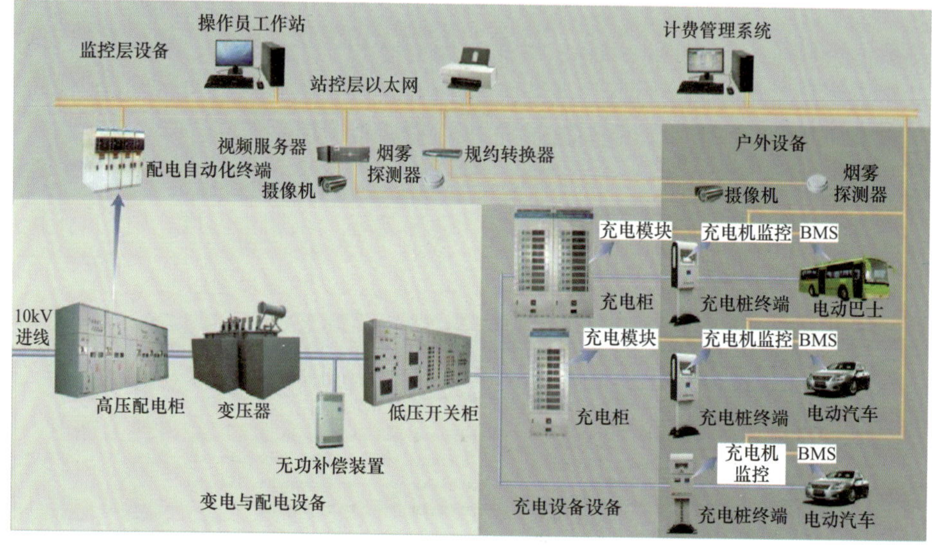

图3-9 充电桩系统监控和统计图

充电桩系统监控主要功能如下：

（1）实时显示充电桩的当前放电量、最大放电功率、当前放电功率、可放电时间、总放电量。

（2）遥信。交直流双向变流器的运行状态、保护信息、告警信息。其中，保护信息包括低电压保护、过电压保护、缺相保护、低频率保护、过频率保护、过电流保护、器件异常保护、异常工况保护、过温保护。

（3）遥测。交直流双向变流器的电压、交流电压、输入/输出功率等。

（4）遥调。对充电桩放电时间、放电电流、电池保护电压进行遥调，实现远端对交直流双向变流器相关参数的调节。

（5）遥控。对交直流双向变流器进行远端遥控充电桩放电。

3.1.3 信息数据采集关键技术

随着科技的发展，信息采集技术和手段越来越多样化和精细化，下面主要介绍SCADA、LonWorks两种在综合能源系统中常用的信息采集技术。

一、SCADA系统

SCADA（Supervisory Control And Data Acquisition），数据采集与监视控制系统，即监测监控及数据采集系统，是基于计算机、通信和控制技术发展起来的一种数据采集与控制系统，是数字化管道的基础。它可以对现场的运行设备进行监视和控制，实现数据采集、设备控制、测量、参数调节以及各类信号报警等各项功能。

1. SCADA系统发展历程

SCADA系统自诞生之日起就与计算机技术的发展紧密相关，SCADA系统发展到今天已经经历了四代。

第一代是基于专用计算机和专用操作系统的SCADA系统，如电力自动化研究院为华北电网开发的SD176系统以及在日本日立公司为我国铁道电气化远动系统所设计的H-80M系统。这一阶段从计算机运用到SCADA系统时开始持续到70年代。

第二代是20世纪80年代基于通用计算机的SCADA系统，在第二代中，广泛采用VAX等其他计算机以及其他通用工作站，操作系统一般是通用的UNIX操作系统。在这一阶段，SCADA系统在电网调度自动化中与经济运行分析，自动发电控制（AGC）以及网络分析结合到一起构成了EMS系统（能量管理系统）。第一代与第二代 SCADA系统的共同特点是基于集中式计算机系统，并且系统不具有开放性，因而系统维护、升级以及与其他联网构成很大困难。

20世纪90年代按照开放的原则，基于分布式计算机网络以及关系数据库技术能够实现大范围联网的EMS/SCADA系统称为第三代。这一阶段是我国SCADA/EMS系统发展最快的阶段，各种最新的计算机技术都汇集进SCADA/EMS系统中。这一阶段也是我国对电力系统自动化以及电网建设投资最大的时期。

第四代SCADA/EMS系统于21世纪初诞生，该系统的主要特征是采用Internet技术、面向对象技术、神经网络技术以及JAVA技术等技术，继续扩大SCADA/EMS系统与其他系统的集成，满足综合安全经济运行以及商业化运营的需要。

2. 系统组成

（1）系统结构。SCADA系统具有三层结构，它包括调度中心、通信处理机和RTU。

（2）网络结构。在网络中的所有用户可以共享全部或部分信息资源，实现硬件、软件和数据共享。

（3）硬件配置。SCADA主机、操作员工作站、打印机、数据库、UPS电源、通信处理机、网络服务设备。

（4）软件配置。操作系统软件、SCADA系统软件、应用软件。

3. 系统结构

SCADA系统结构图如图3-10所示。

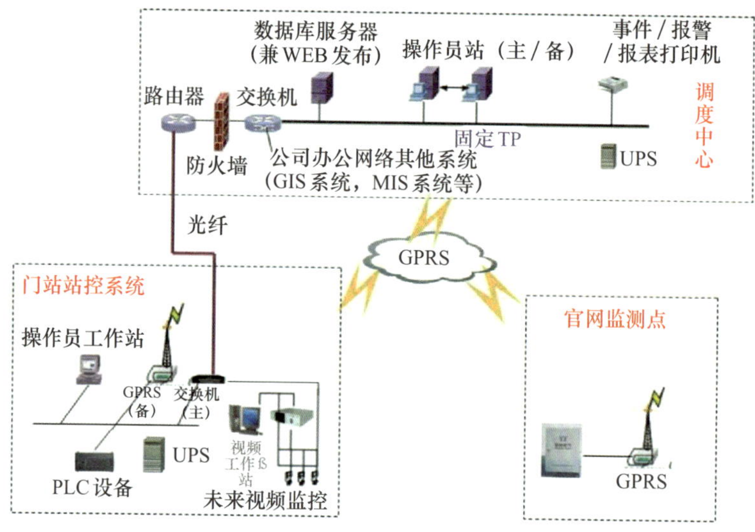

图3-10　SCADA系统结构图

4. 调度控制

调度控制中心简称DCC，DCC作为SCADA系统最高级别的一层，主要负责采集所有现场RTU的数据及系统数据库的生产，对整个系统的工艺生产进行管理、优化、决策及控制。

调度中心负责对全线进行集中监视、控制和调度管理。它包括以下几个部分：

（1）调度中心实时服务器。主要是进行数据的采集和处理。

（2）数据库服务器。进行数据的存储及网络发布（WEB）功能。

（3）设置两台工作站。实现系统数据的查询、处理、设置、报表、打印等功能，两台工作站可以显示不同的画面。

（4）短信报警系统。可以将重要的报警信息发送到相关人员手机上，保证系统重要报警信息的快速处理。

（5）UPS电源。为调度中心提供后备电源，保证数据完整性。

5. 远程终端单元

远程终端单元（RTU）是实现现场数据采集、计量、报警、停车保护、控制、显示与打印的黑匣子。它作为SCADA系统现场终端能按要求实时向主站发送信息，并接收来自主站的控制指令与信息，实现远程控制。各种SCADA系统中所应用的RTU功能与组成各不相同。

6. 通信方式

调度中心与远程监测站之间采用以太网或者无线CDMA、GPRS、4G网络通信，根据该SCADA系统的规模大小，一般选择网络为，调度中心与站控系统采用以太网方式通信，与远程管网监测端站采用无线CDMA、GPRS方式通信，采用GPRS通信，调度中心需申请公网IP地址或者固定域名，各监测端站均配SIM数据通信卡。为用户节省大量的运营费用，用户只需支付各监测端站相应的GPRS费用即可。

综合能源SCADA系统安全可靠、技术先进、性能稳定、操作方便、易于扩展及开发、经济合理、性能价格比高，适于综合能源服务系统。它实现综合能源各子系统的数据采集、监视、控制和管理，为生产运行的科学管理和调度提供科学的依据。

二、LonWorks技术

LonWorks技术主要解决工业现场的智能化仪器仪表、控制器、执行机构等现场设备间的数字通信以及这些现场控制设备和高级控制系统之间的信息传递问题。现场总线是自动化领域中底层数据通信网络，具有简单、可靠、经济、实用等一系列优点，是连接智能现场设备和自动化系统的全数字、双向、多站的通信系统，适用于综合能源系统底层数据采集。

1. LonWorks技术发展

LonWorks技术由美国Echelon公司推出，并由Motorola、Toshiba公司共同倡导。它采用ISO/OSI模型的全部7层通信协议，采用面向对象的设计方法，通过网络变量把网络通信设计简化为参数设置。支持双绞线、同轴电缆、光缆和红外线等多种通信介质，通信速率从300bit/s至1.5M/s不等，直接通信距离可达2700m（78Kbit/s），被誉为通用控制网络。Lonworks技术采用的LonTalk协议被封装到Neuron（神经元）芯片中，并得以实现。采用Lonworks技术和神经元芯片的产品，被广泛应用在楼宇自动化、家庭自动化、保安系统、办公设备、交通运输、工业过程控制等行业。

LonWorks技术自1996年进入中国，取得了迅速发展。LonWork技术提供Neuron芯片、LonTalk协议、Lonmark互操作标准、LonWorks收发器和路由器、Lonbuilder和Nodebuilder开发工具、LonWorks网络服务体系LNS和Neuron C编程语言等开发设计平台，为设计和生产具有低成本、智能化的现场智能监控产品，组建造价低廉、智能分布和功能强的现场总线控制网络提供了完整的解决方案。

2. LonWorks现场总线及其技术特点

LonWorks的核心是神经元芯片（Neuron Chip），使用CMOS CLSI技术的神经元芯片使实现低成本的控制网络成为可能。神经元芯片是高度集成的内部含有3个8位的CPU：第一个CPU为介质访问控制处理器，处理LonTalk协议的第一层和第二层；Neuron芯片的编程语言为Neuron C，它是从ANSI C中派生出来的，并对ANSI C进行了删减和增补。Neuron芯片可以通过5个通信管脚与网络上的其他节点交换信息，也可以通过11个应用管脚与现场的传感器和执行器交换信息。11个应用管脚具有34种应用操作模式，可以在不同的配置下为外部提供灵活的接口和芯片内部的计时器应用。第二个CPU为网络处理器，它实现LonTalk协议的第三层至第六层；第三个CPU为应用处理器，实现LonTalk协议的第七层，执行用户编写的代码及用户代码所调用的操作系统服务。神经元芯片实现了完整的LonWorks的LonTalk通信协议。

LonWoks技术具有以下特点：

（1）开放性和互操作性，网络协议开放，LonWorks通信协议LonTalk是符合国际标准化组织（ISO）定义的开放互连（OSI）参考模型，OSI模型分配特殊任务并为每层定义接口，任何制造商的产品都可以实现互操作。

（2）多种通信媒介，可用任何媒介进行通信，包括双绞线、电力线、光线、同轴缆线、无线电波、红外等，而且在同一网络中可以有多种通信媒介。

（3）采用网络变量进行数据传递，简化网络通信的编程工作。通信的每帧有效字节数为0~228B，通信速率可达1.25Mbit/s，此时有效距离为130m，78kbit/s的双绞线，直线通信距离长达2700m。

（4）采用带预测的P-坚持CSMA，这样，在网络负载很重的情况下，不会导致网络瘫痪。

3. LonTalk通信协议

LonTalk协议遵循ISO定义的开放系统互连（OSI）模型，它除了为

Lonworks控制网络实现可互操作性提供条件。还提供了OSI参考模型所定义的全部七层服务。同时LonTalk协议在物理层协议支持多种通信协议，也就是为适应不同的通信介质而支持不同的数据解码和编码。LonWorks在网络层提供给用户一个简单的通信接口，定义了如何接受、发送、响应等。在网络管理上有网络地址分配、出错处理、网络认证、流量控制，路由器的机制也是在这层实现。协议的网络地址结构可以有域（Domain）、子网（Subnet）和节点（Node），域的结构可以保证在不同的域中通信是彼此独立的，每个域最多有255个子网，每个子网最多有127个节点，即一个域最多有32385个节点。

LonTalk协议提供了4种类型的报文服务，同时支持报文认证。报文服务处请求/响应是在会话层实现，其他3种类型均在传输层实现，即应答、非应答重发、非应答三种。表示层和会话层负责显示报文的服务，也提供网络变量、管理、跟踪、外来传输的服务。

4. LonWorks技术在智能住宅建设中的应用

在智能住宅建设中应用LonWorks技术，可以很容易地实现智能化住宅的所有功能，整个网络结构相对简单，网络布线容易。对于用户各种不同的功能要求，只需选用不同的控制节点，编写响应的程序直接连接到住宅的控制网络上就完成了，在屋里不必对网络结构做任何修改。而且LonWorks网络可扩充性极好，扩充子系统，增加功能，连接两个小区控制网等都很简便。LonWorks技术提供的高效开发平台使系统设计和开发对网络通信不需再花费太多时间，可以集中实现系统功能，针对具体任务设计成熟稳定的系统。

智能系统采用LonWorks分布式控制网络技术，对所有住户实现住宅防盗监控，泄露监控，紧急求助报警，以及对控制箱的拆卸、断电报警，并对每户的水表、电表、煤气表实现远程抄表计量。以上各种检测和控制设备都通过埋管走线的方式连接到每户的终端控制箱内，该箱包含有LonWorks节点，稳压电源，备用电池，继电器以及交流断电报警电路，电池充电电路等，一旦各种原因导致控制箱交流断电，立即重启备用电池工作，维持监控系统运行并向监控中心报警。

3.2 大数据信息处理及分析中心

综合能源是能源生产、配送、消费系统和信息通信系统融合的复杂系统，大数据采集、大数据预处理、大数据存储及管理、大数据分析及挖掘、大数据可视化等技术，与人工智能、机器学习技术相结合，将在综合能源中发挥重要的作用。从宏观的视角来看，大数据不仅是指一种数据集，而且是指以这个数据集为研究对象的一项综合性技术，是传感量测技术、信息通信技术、计算机技术、数据分析技术与领域技术的结合。从更为广阔的视角来看，大数据还是一门科学也是一种认识论。大数据是数据的量和复杂程度发展到某个阶段的产物，是对传统的数据挖掘、数据分析技术的继承、提升甚至革命。

大数据的“大”是一个相对概念，并不是要严格到多大数据量才是大数据。大数据的“大”体现在两个方面：一是指数据“大”到一定程度，可全面表现数据所描述事物的特性或某种规律；二是指数据的规模和复杂程度“大”到传统的数据处理技术、分析技术不能满足需求，需要采用大数据技术。从大数据的内涵来看，大数据的核心是通过范围更广、数量更大的数据，认识事物的本质规律和发展趋势。因此从各种各样类型的数据中，快速获得有价值信息的能力，就是大数据技术。大数据有如下特点：

（1）体量巨大。数据集合的规模不断扩大，已从GB（1024MB）到TB（1024GB）再到PB级，甚至已经开始以EB和ZB来计数。

（2）类型繁多。数据种类繁多，并且被分为结构化、半结构化和非结构化的数据。半结构化和非结构化数据，包括传感器数据、网络日志、音频、视频、图片、地理位置信息等，占有量越来越大，已远远超过结构化数据。

（3）价值密度低。数据总体的价值巨大，但价值密度很低。以视频为例，在长达数小时连续不断的视频监控中，有用数据可能仅一二秒。另一极端是各数据都有贡献，但单个数据价值很低。

（4）速度快。数据往往以数据流的形式动态快速地产生，具有很强的时效性，用户只有把握好对数据流的掌控才能有效利用这些数据。

3.2.1 大数据处理分析的关键技术

构建一个能够有效支撑信息数据采集平台的大数据系统，需要着重考虑大数据平台体系架构、大数据建模与存储管理、大数据分析处理以及大数据应用等几项关键技术。

一、大数据平台体系架构

目前，大数据尚未具有一个全面的、整合的平台，通过对需求进行分析，针对领域应用中数据规模大、数据关联性强等特点，亟须面向大数据平台进行系统性研究，从而解决大数据的服务、共享、整合和分析的集成性问题。

大数据的作用日益凸显，越来越多的商业用户倾向于将大数据分析结果作为其商业决策的重要依据。面向复杂系统研制过程，必须找到一种集成的、全面的大数据解决方案，不仅要解决图形、模型等非结构化数据的处理问题，还要将功能扩展到海量研制数据（试验数据、仿真数据、故障诊断数据等）的存储、多专业大数据的分布式采集和交换、海量研制数据的实时快速访问、统计分析与挖掘和商务智能分析等，这就需要有新的架构、新的技术途径来给予支撑。

针对领域应用数据所具有的容量大、多样性、非结构化、冗余度大等特点，以及实际业务中快速开展大数据分析处理的应用需求，研究提出支持横向扩展，具有分布、并行、高效等特点，且面向服务的支持大数据工程全生命周期活动的平台体系架构。如图3-11所示。

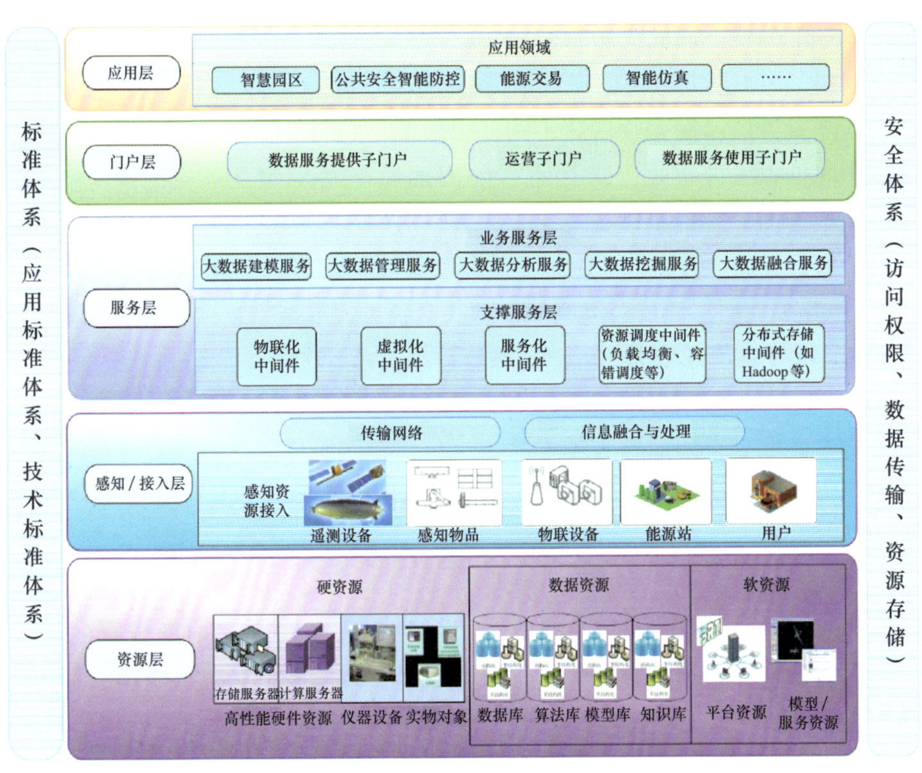

图3-11　大数据平台体系架构

大数据平台在逻辑上表现为一种层次架构，自上而下包括应用层、门户层、服务层、感知/接入层和资源层。而相关的标准、规范和安全机制贯穿所有层次。

1. 应用层

面向工程、公共安全等领域大规模数据的业务应用，支撑智能监控、事态预测、统计分析、分析模拟、指挥决策等核心应用。

2. 门户层

为应用层提供“云模式”和“云+端模式”两种使用方式。无论是行业应用人员还是行业平台管理人员，只需通过本地即可登录平台门户，访问平台层中各系统，有效检索管理平台中各系统的结构化以及非结构化数据，从而有效支撑完成各行业应用。

3. 服务层

服务层包含业务服务层和支撑服务层。

业务服务层：面向大数据的采集、建模、管理、分析、挖掘和融合等全生命周期，为上层业务应用提供相关服务。

支撑服务层：涵盖物联化中间件、虚拟化中间件、服务化中间件、资源调度中间件以及分布式存储中间件（如Hadoop等）。其中，资源调度中间件提供负载均衡、容错调度在等支撑服务，对底层资源全面整合和全生命周期集中管理，从而为各类行业应用提供资源支持。

感知/接入层：通过各类感知设备获取各类大数据信息，同时通过无线传感网络、4G-LTE等多种途径传递大数据信息，并对这些大数据进行初步融合。

4. 资源层

为大数据平台的运行基础支撑提供包括存储服务器、计算服务器等高性能硬件资源，结构化和非结构化的数据资源，以及平台资源和模型/服务资源等软件资源。

二、大数据建模与存储管理技术

多源、分布和异构数据的整合和统一管理问题目前主要有两方面：第一，通过大数据统一建模，支持异构多源数据的管理问题；第二，应用一种新的同构存储机制支持大数据的管理问题。

1. 大数据建模技术

大数据是纷繁复杂的，要解决大数据的统一存储、管理及高效分析处理就需要进行大数据的统一的组织和一致性表达，解决多源、分布和异构数据整合和统一管理问题，这样，研究大数据的统一建模就十分必要。当前对数据建模主要包括层次模型、关系模型、网状模型和面向对象模型等。而在这些方法中，利用基于本体的大数据描述方法进行数据建模，更适合用于解决当前大数据管理中的困境。要进行大数据统一建模，就需要对纷繁的大数据化繁为简，从大数据特性出发，归纳总结其最小信息结构，进而从应用出发，着重抽取关联关系，进而将大数据进行抽象，实现对大数据的建模。依据对大数据的分析，提出基于大数据的统一描述框架的建模方法。

通过对大数据的分析，国内外研究表明，首先定义大数据的三类关键信息：大数据基本信息、功能信息，以及协同联动信息，以建立大数据体的元描述。而后在顶层大数据中定义结构化数据基体、非结构化数据基体和大数据体，其中依据大数据的不同特征进行聚合形成大数据基体，当前结构化数据和非结构化数据在存储、处理等方面存在较大差异，故而本文在研究过程中将大数据基体分为结构化数据基体和非结构化数据基体进行研究，对数据的研究一般会按照一定条件如时间、特征等对数据进行划分，而后进行分析应用。结构化数据基体和非结构化数据基体就是本文中设定的最小粒度的具有分析和应用价值的数据集合。大数据体由较小粒度的大数据体或大数据基体构成，其通过协同联动信息组织起来，这里的协同联动信息可认为是一类约束性信息。大数据体、结构化数据基体及非结构化数据基体的实例化就成为大数据实例，大数据实例由于粒度的大小又可成为功能模块大数据和专业领域大数据等。而后，利用大数据统一描述框架，对每一类异构大数据利用统一描述框架进行抽取和处理就可以得到表达一致的大数据，进而有效支持大数据的统一存储、并行挖掘等。

此外，面向多源整合的大数据可以应用索引和描述技术来解决大数据的描述管理问题。首先，需要建立多源数据的索引和描述，常规索引的建立主要分为三个方面：大数据分类索引构建，空间数据 R 树索引构建，层次索引树建立。大数据具有多类别的特点，针对这一特征，建立以类别为内容的分类索引，通过分类索引的综合查询得到所需的专题数据。具体而言，如图 3-12 所示，我们将采用存储索引模型——层次索引树访问数据、R 树索引和分类索引共同构成一个统一的接口，即构造了一个统一的访问接口与用户交互，用户通过该接口对大数据进行访问，这样就能针对多源大数据建立管理和关联。

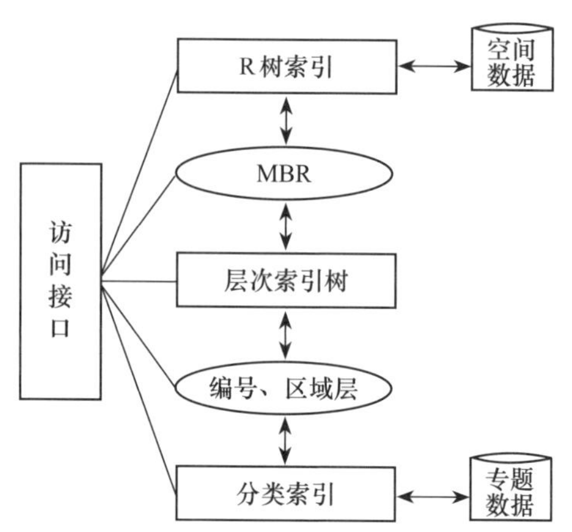

图3-12　大数据索引描述示意图

2. 大数据海量存储管理技术

（1）存储资源管理方法。为了解决集群存储环境下的存储资源管理问题，采用存储资源映射方法通过在物理存储资源和虚拟存储资源请求之间建立合理的映射关系，来进行有效的存储资源管理。国内外相关研究提出合理的集群存储资源映射方法，将虚拟存储资源请求均匀地分配到节点上，然后进行节点内部设备级别的资源映射。

（2）支持多用户的资源使用和存储环境隔离机制。当用户数量增多，有限的存储资源已经不能满足用户对该类资源的需求时，用户与资源的矛盾就会突显出来。解决这种矛盾的最有效办法就是采取有效资源共享机制，将有限数量的资源按需动态共享给多个用户使用。此外，在存储资源共享的同时，从用户角度看每个应用系统是独立的，不依赖于其他应用系统运行而运行，也不受其他应用系统和资源的运行结果影响，因此需要存储环境隔离技术来屏蔽各个应用系统对存储资源运行的互相影响。研究表明，利用存储虚拟化技术来整合不同厂商的存储系统。通过隔离主机层与物理存储资源，存储虚拟化技术可以将来自于不同存储设备（即使是不同厂商的设备）的存储容量汇集到一个共享的逻辑资源池中，这样存储的管理就更容易了。任何单体存储阵列所创建的物理卷的容量都是有限制的，而多个异构的存储系统联合在一起就可以创建出一个更大的逻辑卷。

（3）基于 Hadoop 的大数据存储机制。大数据的各类描述方式的多样性，存在着结构化数据、半结构化数据和非结构化数据需要进行处理。对于结构化数据，虽然现在出现了各种各样的数据库类型，但通常的处理方式仍是采用关系型数据知识库进行处理；对于半结构化和非结构化的知识，Hadoop 框架提供了很好的解决方案。

Hadoop 分布式文件系统 HDFS 是建立在大型集群上可靠存储大数据的文件系统，是分布式计算的存储基石。基于 HFDS 的 Hive 和 HBase 能够很好地支持大数据的存储。具体来说，使用 Hive 可以通过类 SQL 语句快速实现 MapReduce 统计，十分适合数据仓库的统计分析。HBase是分布式的基于列存储的非关系型数据库，它的查询效率很高，主要用于查询和展示结果；Hive 是分布式的关系型数据仓库，主要用来并行处理大量数据。将 Hive 与 HBase 进行整合，共同用于大数据的处理，可以减少开发过程，提高开发效率。使用 HBase 存储大数据，使用 Hive 提供的SQL 查询语言，可以十分方便地实现大数据的存储和分析。

三、大数据分析处理技术

大数据分析处理技术已在各行业数据分析处理方面得到成功应用，针对大数据的特征，需要对现有数据挖掘技术进一步改进和完善，国内外在大数据分析处理技术主要包含以下几方面技术研究。

1. 大数据分析

（1）预测性分析能力。数据挖掘可以让分析员更好地理解数据，而预测性分析可以让分析员根据可视化分析和数据挖掘的结果做出一些预测性的判断。

（2）数据质量和数据管理。数据质量和数据管理是一些管理方面的最佳实践。通过标准化的流程和工具对数据进行处理可以保证一个预先定义好的高质量的分析结果。

（3）可视化分析。不管是对数据分析专家还是普通用户，数据可视化是数据分析工具最基本的要求。可视化可以直观的展示数据，让数据自己说话，让用户听到结果。

（4）语义引擎。我们知道由于非结构化数据的多样性带来了数据分析的新的挑战，我们需要一系列的工具去解析、提取、分析数据。语义引擎需要被设计成能够从“文档”中智能提取信息。

（5）数据挖掘算法。可视化是给人看的，数据挖掘就是给机器看的。集群、分割、孤立点分析还有其他的算法让我们深入数据内部，挖掘价值。这些算法不仅要处理大数据的量，也要处理大数据的速度。

2. 大数据处理

大数据处理数据时代理念的三大转变：要全体不要抽样，要效率不要绝对精确，要相关不要因果。整个处理流程可以概括为四步，分别是采集、统计和分析、导入和预处理，以及挖掘。

（1）采集。大数据的采集是指利用多个数据库来接收发自客户端的数据，并且用户可以通过这些数据库来进行简单的查询和处理工作。比如，电商会使用传统的关系型数据库MySQL和Oracle等来存储每一笔事务数据，除此之外，Redis和MongoDB这样的NoSQL数据库也常用于数据的采集。在大数据的采集过程中，其主要特点和挑战是并发数高，因为同时有可能会有成千上万的用户来进行访问和操作，所以需要在采集端部署大量数据库才能支撑。并且，如何在这些数据库之间进行负载均衡和分片的确是需要深入的思考和设计。

（2）统计和分析。统计与分析主要利用分布式数据库，或者分布式计算集群来对存储于其内的海量数据进行普通的分析和分类汇总等，以满足大多数常见的分析需求，在这方面，一些实时性需求会用到EMC的GreenPlum、Oracle的Exadata，以及基于MySQL的列式存储Infobright等，而一些批处理，或者基于半结构化数据的需求可以使用Hadoop。统计与分析的主要特点和挑战是分析涉及的数据量大，其对系统资源，特别是I/O会有极大的占用。

（3）导入和预处理。虽然采集端本身会有很多数据库，但是如果要对这些海量数据进行有效的分析，还是应该将这些来自前端的数据导入到一个集中的大型分布式数据库，或者分布式存储集群，并且可以在导入基础上做一些简单的清洗和预处理工作。也有一些用户会在导入时使用来自Twitter的Storm来对数据进行流式计算，来满足部分业务的实时计算需求。导入与预处理过程的特点和挑战主要是导入的数据量大，每秒钟的导入量经常会达到百兆，甚至千兆级别。

（4）挖掘。与统计和分析过程不同的是，数据挖掘一般没有什么预先设定好的主题，主要是在现有数据上面进行基于各种算法的计算，从而起到预测的效果，从而实现一些高级别数据分析的需求。比较典型算法有用于聚类的K-Means、用于统计学习的SVM和用于分类的Naive Bayes，主要使用的工具有Hadoop的Mahout等。该过程的特点和挑战主要是用于挖掘的算法很复杂，并且计算涉及的数据量和计算量都很大，常用数据挖掘算法都以单线程为主。

3. 大数据分布并行技术

目前，国内外在领域应用中基于分布并行的特征提取、视频摘要加速技术效率较低，非常耗费时间。例如，要进行特征提取、视频摘要的高效快速处理，采用并行处理进行加速可以提高效率。采用CUDA架构实现特征提取、视频摘要的高速处理。CUDA 提供了一个非常强大方便的图形处理器（Graphics Processing Unit,GPU）处理平台，被广泛应用于科学计算、图形图像等众多领域，并且在很多应用中获得了最低几倍、最高上百倍的加速比。

4. 云计算环境下的并行数据挖掘算法与策略

针对大规模海量数据，需研究采用云计算环境下的并行数据挖掘算法与策略。算法和策略模型为并行数据挖掘的核心环节，将对现有应用较多的聚类算法、分类算法、关联规则算法等方法基于 MapReduce 计算模型进行改进，主要从数据集的扫描及分解和归约等方面开展并行性的改进研究，并结合具体应用比较不同方法的性能及适用的数据类型。MapReduce 可将并行编程中复杂的业务逻辑进行抽象化，将简单的计算作为接口展现在前面，而对复杂的并行化处理、容错、数据分布和负载平衡均进行了隐藏。MapReduce 主要是 Map 和 Reduce 两个操作上的概念。Map操作主要是对一组输入记录进行处理，处理的方式是根据典型的 key/value 键值的方式。Reduce 操作是针对上述键值进行简单的汇总处理。通过这种简洁的方式，将现实生活中的很多任务都能够描述出来。用这种方式编写的程序能够自动分布到一个由普通机器组成的超大机群上并发执行。系统会解决输入数据的分布细节，跨越机器集群的程序执行调度，处理机器的失效，并且管理机器之间的通信请求。这样的模式允许程序员可以不需要有什么并发处理或者分布式系统的经验，就可以处理超大的分布式系统的资源。

四、大数据应用技术

为了更好地应用大数据平台来支撑基于大数据的领域应用，就需要解决好大数据平台应用模式的问题，以实现如何“用好”大数据，需要解决好大数据处理应用标准规范的问题，让大数据的应用有规可循，全面体现“数据级服务”。

1. 大数据平台应用模式

如何对领域大数据进行分析处理，就需要解决大数据平台的应用模式问题。初步考虑将各种多源、分布和异构的数据资源接入大数据平台，通过分布式存储和并行数据挖掘，提供在线实时监控模式和离线统计分析模式两种应用模式，对各类领域大数据全方位地进行实时和离线分析处理。

2. 大数据处理应用标准规范

“标准先行”已成为当前各行业数据应用的共识，有了标准数据才能共享，才能支撑大数据处理平台应用的开展。从技术标准体系及应用标准体系两个方面研究大数据的相关标准规范，包含各类大数据资源的接入标准，大数据处理平台的各类接口标准，各类大数据处理服务的标准等，此外还包括大数据的应用标准，如对接相关行业标准，各类平台应用的安全标准等。

3.2.2 大数据技术在综合能源系统的运用

通过大数据技术监测综合能源系统区域内燃气、电、冷/热、水/热水等能源子系统生产情况、运行情况以及区域公共楼宇、企业等多元用户用能情况，以完善的、权威的指标体系来支撑，从经济、高效、安全、绿色、智慧、互动等多维度对区域能源进行分析，以经济、环保运行的最核心功能，通过协同可调控资源，实现分布式光伏的消纳、峰谷电价的充分利用、降低负荷峰值和不同能源类型的耦合互补与最优流动，确保多能流系统安全、高效运行，帮助综合能源运营商实现最佳经济效益，为海量终端用户提供“虚拟能量管理中心”，提升运行水平和竞争力，为决策者提供专业化、可视化、智能化、互动化的综合性产能结构决策支持。大数据在综合能源服务的应用介绍如下。

一、多数据源融合

综合能源服务在能源管理上需将分散自治和综合协调的模式相结合，为此需要对大量翔实、可靠的信息进行及时处理，缺乏全面的信息资源将会造成决策的偏差、失误以及管理效率的低下。具体地，在综合能源服务中，不仅包含了区域内有关能源、能量平衡的数据，还包含了大量有关分布式能源/微网、多种形式能量转换和存储的数据，建立起多种能源一体化数据融合系统，利用大数据技术进行分析并支持决策，有利于保证能源的智能、安全生产与配送。

二、先进的数据处理技术

综合能源生产、输送和消费瞬间完成，必须依靠高效的信息处理能力，满足实时的能量供需平衡。计算分析中不仅包含了负荷预测、能量平衡等内容，还要考虑各种灵活源的安排顺序、分析方式是否满足调峰调频的能力，最终还需要经过安全稳定校验，并实现可视化展示，需要极强的信息流处理能力。在运行过程中，需要依靠高效的信息处理能力预测和监视消费者的需求变化、极端不稳定的能量生产供应变化，同时还要协调下级能量管理系统完成能源的分流与整合等。

三、数据驱动的分析方法

综合能源服务比智能电网更具复杂性和开放性，且受到更多外来因素的影响，一些关联关系难以用物理模型进行描述，大数据分析更多地采用了数据驱动的分析方法，可作为物理模型分析方法的补充。数据驱动分析模型是指应用统计学理论，从高维的视角直接提取多元多维数据中的固有相关性，分析数据之间蕴藏的规律。针对包含间歇式能源的电力系统运行方式的安全校验和评估，数据驱动的分析方法具有以下优势。

（1）直接通过分析数据的相关性而非建立物理模型来描述态势，避免了由于电网拓扑结构复杂化、元件多样化、可再生能源和柔性负荷的可调性和不确定性带来的难以建模或模型不准确问题，极大地减少了硬件资源需求，提高了分析的精确性。

（2）通过数据间高维的相关性而非因果关系来描述问题，对事件间的相关性做出了定量的界定，可直接锁定故障或事件的源头，避免由于系统不确定性、偶然性及多重复杂递推关系等带来的因果关系难以描述的问题。

（3）大数据的分析方法如随机矩阵方法，可以将影响因素、状态量、历史数据和实时数据综合在一起分析，且可以在算法层面上与并行计算或分布式计算直接结合，解决“维数灾难”问题，减少计算资源。

四、能源生产和消费预测

清洁能源、柔性负荷、电能产销一体化的介入，使能源生产和消费受更多内外部因素影响，如：天气、气候不仅对能源需求产生影响，也影响清洁能源的可生产量；在实施电力改革、放开售电侧的电力市场机制下，能源生产与消费者对不同电价以及对需求响应的激励机制可能做出的反应，同样影响着能源的生产和需求；又如，电动汽车充放电对能源生产和消费的影响受用户行为习惯以及 V2G 激励机制的影响。此外，在不同的价格机制下，能源的转化和存储也受到影响，不同的能源价格配置下，用户可能选择不同的用能方式和能源转换方式。面对如此错综复杂的关系，在进行能源生产和消费预测时，大数据分析方法更为有效。利用大数据分析技术，可预测能源的购买量、预测能源消费、管理能源用户、提高能源效率、降低能源成本等。而智能电能表的部署以及数值天气预报、GPS 系统的建立，为建立更详细、精确的预测提供了可能。

五、新能源政策分析和评价

各地区新能源政策机制及执行效果各不相同，受到各地区能源禀赋、能源发展目标以及能源生产和应用参与方的社会心理影响。应用大数据分析方法，基于历史和现状数据，寻找内在关联关系，可为各国新能源政策机制优化提供参考。能源生产、消费和转换的各个环节、参与者的心理和行为对综合能源服务的规划和运行将产生较大影响，而人的心理、行为对能源生产和消费的关系具有混沌性，需以大量的统计数据为基础，并将心理学、社会学知识和数据分析方法相结合，才能揭示出错综复杂的内在关系和影响。一方面，可依据数据分析预测能源生产和消费量；另一方面，也为制定适当的能源价格和激励机制、优化能源生产电力信息与通信技术和用能特性以及增加清洁能源的使用提供了依据。

六、安全风险分析

在综合能源服务中，多种能源的生产、配送、转换、交易和消费复杂多变，不同环节的时空关联性增强，受外部因素影响加剧，使能源互联网的运行面临很大的风险，与此同时，社会对能源供应的安全可靠提出了更高的要求。大数据技术为这一复杂系统运行状况的预测、监控提供了强有力的支持。借助大数据技术，可对能源互联网实时运行数据和历史数据进行深层挖掘分析，帮助各方更透彻地了解上下游的行为和变化，掌握能源互联网的发展和运行规律，优化结构，实现对能源互联网运行状态的全局掌控，提高能源互联网的安全性和可靠性。例如，基于调度数据和仿真计算历史数据，可分析能源互联网安全运行的时空关联特性，建立知识库，在出现扰动后，及时采取措施。

3.3 综合能源服务平台

综合能源服务平台应构筑具有“集中+分散”分层的逻辑结构，分散式的多能互补网络自下而上的智能电网进行互动，面向区域能源生产、传输、消费、储存等环节，采用“全局管理，分布自治”的管理思想，实现对区域能源系统的全面感知，互联互通，高效利用，优化共享，实现能源的宏观调控，微观干预，打造以电为中心、跨域平衡、绿色低碳、智能互动的区域能源“新陈代谢”体系，以成熟的商业模式协调各方利益，打造共赢局面，推动城市可持续发展。综合能源服务平台特征示意图如图3-13所示。

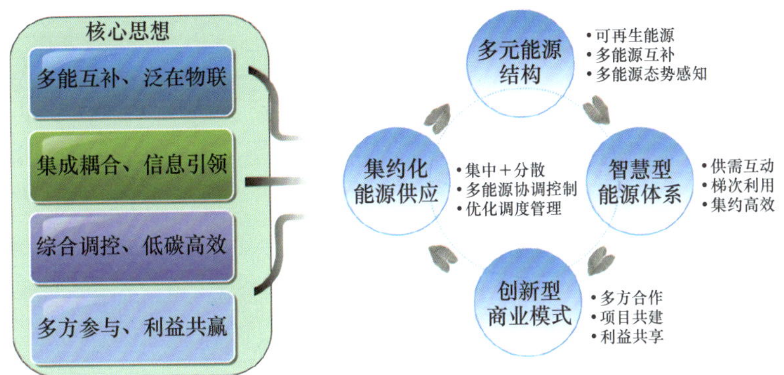

图3-13　综合能源服务平台特征示意图

3.3.1 平台架构

一、总体架构

综合能源服务平台总体构架如图3-14所示。

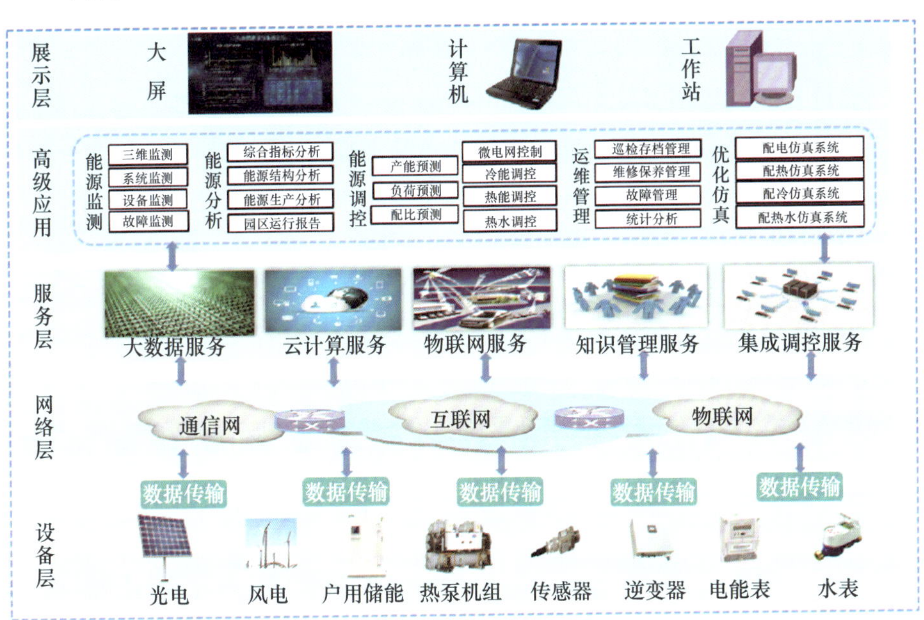

图3-14　综合能源服务平台总体架构

1. 设备层

设备层主要采集分布式发电、热泵机组、储能、采暖、供冷等系统主要设备的重要参数，例如，光伏发电的逆变器运行参数和运行状态、热泵机组的供回水温度及功率等。

2. 网络层

网络层综合利用了计算机技术、控制技术、通信与网络技术，对综合能源系统内重要设备及各子系统进行自控对接，并将相关数据实时准确的传输至监控平台。例如平台通过MODBUS485协议连接风力发电系统风机的输出功率和电机的温度，通过以太网、PROFIBUS通信总线管控地源热泵系统的整体运行。

3. 服务层

服务层汇总各系统运行的所有实时参数及分析数据，为安全生产、调度、优化和故障诊断提供必要和完整的数据基础。通过大数据、云计算、物联网等技术，为支撑系统提供渠道监管及服务管理支撑。

4. 高级应用层

高级应用层即功能层，综合能源服务平台具有能源监测、能源分析、能源管控、资产运维管理、优化仿真等功能，实现电、热、冷、水、气等多种能源的综合高效利用以及与用户的智能互动。具体功能见3.3.2节。

5. 展示层

通过对综合能源系统在各个环节的转换及应用进行标准化处理，在工作站、大屏、云平台等界面上展示出综合能源系统内电、热、冷、水、气等各类能源的流向走势、能源消耗、能源转化及能源利用等信息，直观地展示出综合能源整体情况，辅助能源管理。

二、技术架构

综合能源服务平台建设遵循J2EE技术规范，采用组件化、动态化的软件技术，利用一致的可共享的数据模型，以提高系统的灵活性、可扩展性、安全性以及并发处理能力。系统按照多层架构体系，将界面控制、业务逻辑和数据映射分离，实现系统内部的松耦合，以灵活、快速地响应业务变化对系统的需求。系统层次结构总体上划分为终端层、接入层、前置服务层、系统支撑层、数据存储层，通过各层次系统组件间服务的承载关系，实现系统功能。

1. 终端层

通过Object-c、Java Android SDK、HTML5等前端研发技术，采用了B/S架

构，支持移动终端。

2. 接入层

通过防火墙和负载均衡，保障终端接入安全，防范系统受到威胁，增加系统吞吐量、加强系统数据处理能力、提高系统的灵活性和可用性。接入层负责对所有访问平台的用户进行安全认证、授权、监控和检测，只有通过了统一接入层认证的用户才能使用系统。

3. 前置服务层

通过应用缓存技术、任务调度技术、权限控制技术，及行业内主流的gzip加解压技术、H2内存数据库技术、RSA/3DES数据加解密技术、socket连接技术，为前置应用服务和管理功能提供支撑。该层包含终端集成系统和设备集成系统，终端集成系统为终端提供业务接口，实现业务功能交互，设备集成系统为网关设备提供接口，实现终端对设备侧的控制、设备数据信息上传和设备升级等功能。

4. 系统支撑层

通过数据缓存、数据转换及治理、服务授权和调度等技术，为支撑系统提供渠道监管及服务管理支撑。平台的所有业务逻辑功能都在该层实现，包含智能家居系统和智能用电系统，为前置服务层的终端集成系统和设备集成系统提供接口，用以实现功能交互。根据具体业务需求，系统支撑层允许调用外部系统的WEB服务，提高系统业务的扩展性。

5. 数据存储层

数据存储层存储业务数据资源和系统数据资源，提供了系统的所有数据访问对象。

三、数据架构

综合能源服务平台数据包含业务数据和平台数据。业务数据中的用户数据、电器用电数据和电表数据为基础核心数据，对这三种数据进行整理后生成用电分析数据，再结合缴费数据和用电常识数据等，根据业务需求进行数据挖掘分析满足综合能源服务平台的所有业务，从而实现用户用能设备与电网的双向互动，引导合理用电，促进用户积极响应。

平台数据包括平台运行时产生的系统日志数据、系统配置数据；对业务数据进行挖掘分析后的统计分析数据；与其他平台对接产生的其他平台数据。数据在平台系统内的流向是通过设备集成系统获取基础数据，基础数据进入平台进行整合处理，向用户综合能源服务平台提供数据支持，最终通过终端集成系统向终端提供服务。

系统根据上述数据技术分类特点和业务需求，按照不同的数据分类，结合系统架构的要求进行数据部署设计，具体的数据架构如图3–15所示。

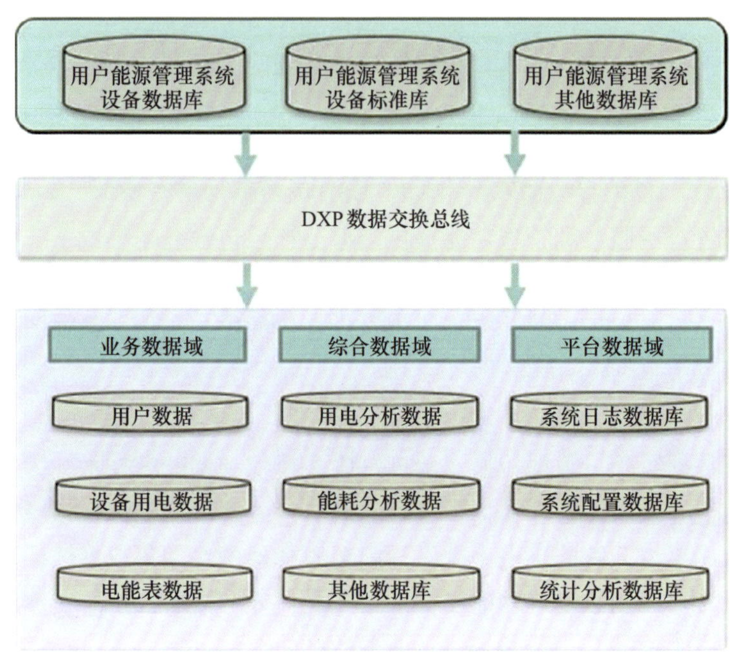

图3–15　综合能源服务系统数据架构

四、物理架构

根据部署地点和环境的要求，平台物理架构设计重点是对系统硬件进行设计和说明，并根据应用架构、数据架构和技术架构对系统的存储、备份能力提出要求，为用户综合能源服务平台的建设、设备选型提供参考依据。

用户综合能源服务平台设备用途说明如下：

（1）应用服务器集群。应用服务器主要部署用户综合能源服务平台应用。

（2）接口服务器集群。用于与对端接口服务器通信，实现用户综合能源服务平台业务相关数据的查询、修改和删除操作，以及数据传递的接口实现。

（3）数据库服务器集群。承担系统数据存储与管理，是系统数据汇集与处理中心。

（4）防火墙。用于增强用户综合能源服务平台的安全性，能够防护系统服务器的攻击。

3.3.2 平台功能

一、能源监测和管理

1. 能源监测

能源监测功能采用SCADA、Lonworks等技术对接入单位的各种计量点的关键参数进行监测、报警及可视化展示，查看用户用能基本情况，查看负荷监测情况和能耗监测趋势图。

详见3.1.3信息数据采集关键技术中内容。

2. 能源分析

利用大数据分析等技术手段，对数据进行多维立体化统计、归类和分析，从能源容量、产能和用能、用能行为、能效管理、节能服务等全局统筹分析，为能源可持续发展提供支撑，同时建立可涵盖电、气、冷、热各环节的一套综合评价指标体系。

（1）能源供需容量分析。基于长时间尺度对各类能源生产、消费容量进行分析，包括电网、燃气网、热力网、水网、电气化交通网、清洁能源等进行全面分析和预测，全方位展示能源生产、消费容量状态，侧重于能源的供需预测，指导未来能源规划调整和优化布局。

（2）产能和用能态势分析。基于准实时状态时间尺度，对内全部一次能源、二次能源生产情况、能源使用情况分析、能源网络状态进行分析，同时建立能源、公共交通、市政、工商业等行业等多维度多视角分析模型，充分反应能源需求总量和增长趋势，保证能源供需平衡。

（3）用能行为分析。融合用户、能源互联网、社会多主体的多目标经济效率需求，对内不同区域、不同用能主体、不同时间尺度下的用能行为进行分析，初步勾画多维度局部画像。

（4）能效管理。利用数据分析工具和GIS信息，对重点单位、区域、设备进行综合同比环比分析，结合区-块-链等不同属性，构建能效对比，通过实现数据智能挖掘，发现能耗企业用能特性，比对能耗标准，编制标准能耗分析报表；根据历史能耗信息提供不同区域、不同行业、不同能源类型的用能单位能耗预测分析及潜力的态势分析。

（5）可行性分析。综合能源服务平台以能源系统安全运行为根本，按照标准化、个性化、技术领先、保护投资、性能可靠、易于管理的原则进行用户电力需求侧管理平台的方案设计，包括总体架构设计（物理架构、数据架构）、功能设计、通信网络建设、数据采集方案、安全防护方案、实施内容及流程、技术性能指标、硬件配置、项目管理方案、培训方案、验收方案、运维及售后服务方案等内容。

（6）可靠性分析。从性能指标、安全防护方案、系统备份、部署实施等方面保障了用户综合能源服务平台的高可靠性。

（7）经济性分析。①促进用户节能工作，提高能源利用效率。用户的节能降耗工作是响应国家节能减排号召以及用户能源管理建设的重点工作之一，运用现代化的信息技术对用户的能源利用效率进行科学管理，将显著提高能源的实物资源的配置效率、有力推动行业的整体技术进步、在更高层次上促进传统产业改造升级和产业结构优化、提升经济运行和管理水平。同时将更进一步提高用户的生产效率、减少能源消耗、极大地促进能源资源的高效利用。②推广节能技术，增强节能意识，减少能源浪费，节约用户运行成本。节约能源可视为与煤炭、石油、天然气、电力同等重要的“第五能源”，必须坚持节约优先，建设节约型社会，这是缓解能源约束矛盾的现实选择。因此，要大力推广节能技术，开展信息化节能，这是减少用户能源浪费，节约用户运行成本，增强用户竞争力，提高用户经效益的重要途径。

3. 能源调控

能源调控是实现能源经济运行的核心功能，包含SCADA、多能流实时建模与态势感知、多能流优化调度控制、多能流安全分析与预警、能量调度控制等。分维度的对多能流负荷进行多时间尺度预测（日前、短期和超短期），分区域的支撑全局互联互济，分行业的能源供、需合理优化。

实现支持电、热、冷、气、水等多种能源形式的综合能量管理与调度，通过日前机组组合、日中经济调度、实时调节组成系统的多时间尺度调度，逐级消除预测的误差，提高经济性和稳定性。实现分布式发电系统的消纳、与电网的友好互动、调节负荷峰值，保证不同能源类型的耦合互补与最优流动，实现能源系统安全高效运行和最佳经济效益，为海量终端用户提供“虚拟能量管理中心”，提升能源管理水平和竞争力。

二、能源安全

能源系统的安全运行是发展的基础。能源安全系统，以能源供应和需求

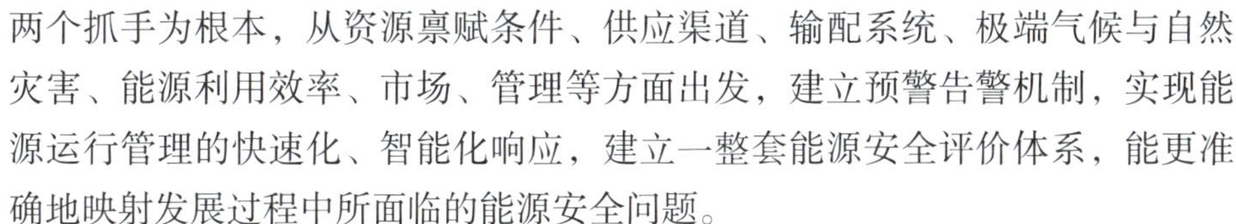

两个抓手为根本，从资源禀赋条件、供应渠道、输配系统、极端气候与自然灾害、能源利用效率、市场、管理等方面出发，建立预警告警机制，实现能源运行管理的快速化、智能化响应，建立一整套能源安全评价体系，能更准确地映射发展过程中所面临的能源安全问题。

三、发展辅助决策

1. 能源发展综合分析

从能源资源、能源结构、能源布局、供需平衡等角度，分析能源格局的影响因素，指导能源布局和发展；深入挖掘经济因素、社会因素、政策因素等不同因素的影响机理及效果，结合能源分析数据，有效实现能源与发展相融合的耦合方法，为能源发展和未来趋势提供分析依据，为发展提供有力支撑帮助。

2. 经济发展态势分析

对区域、行业产业、城镇居民、单位能耗、小微工业企业、存量增量市场，以及工业企业开工的用能数据分析，结合经济与能耗的耦合关系，建立分行业负荷模型、特性分析方法，充分挖掘经济发展态势，为发展提供数据支撑。

3. 产业结构分析

基于各产业的用能数据，从产业构成、布局、调整、结构和转变趋势、未来形态分析产业的经济分布和变化情况，反应未来趋势，优化产业布局，调整产业结构。

4. 行业景气度

对不同地区、各类行业、不同地区同行业等维度选定周期的用能量，对用能量增长情况进行指标体系化分析，统计各行业的产业年用能量及增加量，预测用能趋势，反映行业经济景气度，优化各行业布局和发展方向。

5. 规划发展分析

基于发展的规划、建设、运行三阶段管理方法，结合发展总体规律，考虑人口、行业、能源消费、电气化交通等需求，合理化推动规划发展能源构建布局。例如：电动汽车充电行为满足电网运行及交通运行要求，不会对电网、交通网络造成额外负担，并提高用户的体验满意度，减少等待时间。

四、能源模拟交易

基于能源在线监测实现能源供应与消费的实时跟踪和预测，进行区域能源交易市场的仿真模拟，为“互联网+”智慧能源市场下的能源交易提供决策支持。包括用户管理、消费预测、交易管理、结算管理、合同管理、信息发布、交易计划等模拟功能，利用大数据分析技术进行交易服务的效益评估，实现交易的组织与全流程管理。主要包括如下几点：

1. 用能平衡

对用户的能源消耗量、不同地域与时段的能源价格、天气预报及用户的供暖特性等多种数据进行综合分析，确定最优运行方式和负荷控制计划，并通过合理的电能、燃气价结构引导用户转移负荷，平坦负荷曲线。基于能源互联网大数据，通过对电力等能源企业生产运行方式的优化、对间歇式可再生能源的消纳，以及对全社会节能减排观念的引导，达到节约能源和保护环境的长远目的。

2. 能源需求响应

整合各种能源生产、运输、销售、管理的数据，可以对需求侧响应的过程进行模拟仿真，对区域性能源需求的构成比例进行解析，梳理出影响需求侧响应的各种因素，找出开展需求侧响应的最佳对象，形成相关的仿真模型。基于仿真模型，通过调整不同类型的企业、居民用户在需求侧响应中的比例，从而确定最佳的需求侧响应策略。

3. 市场交易

能源互联网的市场具有主体多元化、商品标准化、物流智能化、交易自由多边化的特点。通过庞大的能源生产与消费数据，进行用户用能行为分析和用户市场细分，使能源企业能有针对性地优化营销组织，改善服务模式。同时，通过与外界数据的交换，挖掘用户能耗与能源价格、天气、交通等因素所隐藏的关联关系，为决策者提供多维、直观、全面、深入的预测数据，主动把握市场动态。

五、能源验证与仿真计算

综合能源仿真系统是一个具有超高维、多时标和强随机性的复杂动力系统。这不仅体现在不同能源形式在“产—消—转—用—储”全环节过程中多时间尺度的差异性，还表现为多种能源空间分布的耦合、互补特征。综合能源系统的运行优化需针对能效较低的能源转换和利用环节，进行全面分析、评价及运行调控，以提高能源的综合利用效率；通过不同运行模式和多时间尺度的全能流预测与主动控制，来实现综合能源系统的全局优化。

平台构建完善的能源验证与仿真系统，同时考虑综合能源系统时间、空间和行为三维度的复杂性，以及不同能源单元与多类型能源供应网络之间的复杂耦合关系，对综合能源系统运行过程进行全方位的推演，以充分挖掘不同能源形式之间的互补协调潜力，提升系统运行效能。实现综合能源系统在多元复杂运行场景下、不同运行调控策略下的统一仿真推演与验证，以有效支撑综合能源管理与服务平台的落地应用，提升系统运行的可靠性与高效性。

六、提供社会服务

1. 支撑政府的宏观经济分析

通过收集大量用能企业的电力数据，应用大数据的聚类、分类、神经网络等算法，对企业用能的特点进行聚类分析，包括用电高峰时段、功率因子、电能质量、企业区域网络潮流稳定性等分析。通过汇聚大量用能企业及居民用户的用能数据，可以支撑地方政府开展区域性的宏观经济分析，如通过对用电量、电费、电量波动情况、电量在各行业的占比波动、电量的使用时段占比分析等手段，可以帮助政府机构了解本地区的经济状况，对本地区的短期经济发展趋势进行预判，并通过大数据技术中的各类预警模型，通过模拟调整一系列的参数，制定适合本地区的政策。

2. 支撑政府能效决策

利用企业能效管理中应用能效终端等工具，实时采集企业的能耗使用数据，对企业的能耗数据进行分析，应用大数据的模型对企业的能耗数据进行挖掘，找出企业能耗存在的问题。可以帮助电网及政府机构更好地掌握企业的用能情况，明确区域能耗的实际水平，并通过大数据相关的仿真分析模型，对企业能效管理的政策、技术标准等进行调整，从而预测区域能耗水平的变化趋势，支撑电网公司与政府机构制定更合理的政策法规。

3.3.3 平台建设

一、通信网络建设

通信网络是能源服务平台的重要支撑和建设内容，利用区域内局域通信网络和运营商公网可实现底层区域能源终端监测数据与能量管理采集器的互联互通。因此本网络建设方案重点利用多能流管理技术获取重要数据，并将数据上传至平台，采用无线宽带网络或区域内已有网络资源，以及租用公网运营商网络等多种方式，实现对数据与平台的网络覆盖。

1. 建设原则

鉴于能源服务平台较为固定、监测点较为集中，通信网络建设应遵循以

下原则：充分依托现有资源，以园区能源服务平台为例，在园区内部访问平台需通过无线宽带或园区已有网络资源通信网互联，远程访问的用户以租用公网运营商通信方式为主，因地制宜地开展城市能源服务平台系统通信网络建设，满足多种能源综合管理的运营需要。

2. 建设方案

能源服务平台通信网络系统分为远程通道和本地通道两部分。远程通道采用租用运营商无线公网（APN）和互联网（Internet）三种方式。本地通道则根据企业接入的实际情况，采用以下两种通信方式：

（1）对距离电力通信子网接入点较近的用户可以就近接入企业的局域网。一种方式是在企业通信资源接入点部署OLT设备，在企业部署ONU，并下联企业集中器，通过光纤上联OLT设备；另一种方式是在企业通信资源接入点部署ONU，通过光通信模块实现与企业集中器通信。

（2）对于离现有通信网络较远的监测点采用租用公网或无线的方式，尽量减少光缆敷设，降低通道的建设费用。在企业集中器和系统前置机两端加装无线传输模块，租用公网无线通道实现数据传输。通信网络系统整体架构如图3-16所示。

（3）必要时可形成双环网络结构，保证系统运行安全可靠。

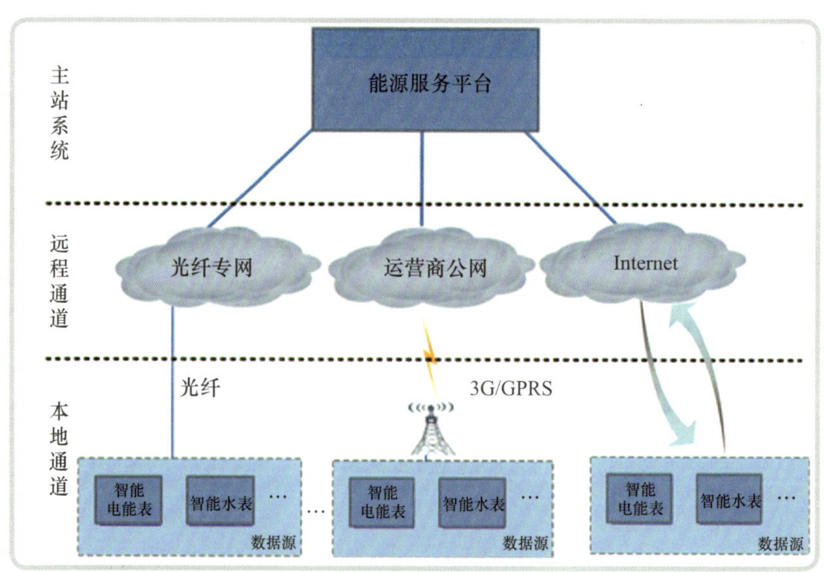

图3-16　大用户能源管理系统通信网络架构图

二、平台调试

1. 调试准备

（1）应准备和阅读文件。系统全部设计文件及施工过程中对设计图纸、资料的修正和变更；能耗计量装置及系统产品的使用说明和技术资料。

（2）编拟系统调试大纲，包括调试程序、测试项目、测试方法、与被计量用能系统协调方案、相关技术标准和指标等。

（3）准备调试需要的专用工具和检测仪器、仪表。

（4）现场查对计量装置、传输系统中间设备安装部位和数量，应与设计图纸、设计变更和安装记录无误，安装外观、工艺应符合规范。

（5）在用能分项计量管理系统中设定信息采集点、计量装置的编码地址，设定能耗分类、分项；向本市建筑能耗监管信息系统申请并设定系统在数据发送通信网络中的地址和编码，并查对无误。

（6）检查系统内所有有源设备供电电源和接地，应准确无误。

（7）查看被监测用能系统，应具备计量数据采集条件。

2. 系统单体调试

（1）计量单点调试。

逐一连接能耗计量装置数据输出接口，查对信息采集数据与计量装置盘面数值。

1）设定初始值。对于具有计量数据积累的信息采集设备，应设定计量初始值与计量装置盘面数据一致。

2）按供能系统规范和操作规程开启耗能负载，检查信息采集数据和计量装置盘面数据，应正常显示，两者应一致。

3）调试完毕应复原能耗计量装置与传输系统的连接。

（2）分类分项调试。

1）分别对各类用能分项计量系统进行系统调试。其步骤及方法如下：

首先全部开启本监测系统信息传输和中央管理系统，显示被调试分类能耗相应的数据显示界面和数据列表；然后按供能系统的规范和操作规程，开启同类用能负载，观察数据变化。管理服务器分类、分项能耗统计数据应随能耗过程显示增量和总量；最后逐一核对能耗计量装置、数据采集点地址编码应正确无误，各计量装置能耗盘面值与管理服务器界面中各类、各项数据统计值两者应一致。

2）分类、分项调试可根据工程进度和用能分类、分项实际分步、分次进行，也可集中一次性完成。但一次调试过程中监测系统连续运行应不少于1h，即系统对每个计量装置能耗数据连续采集不少于4次。

3）在分类、分项调试过程中，应同时检查系统在线监测功能和报警功能，其性能应符合设计规定的要求和指标。

4）如调试中难以启用能耗负载，宜在数据采集输入端加装模拟负载。检查信息采集数据和计量装置盘面数据，应正常显示，两者应一致。

（3）数据发送功能调试。

1）系统数据发送调试应事先申报，经本市建筑能耗监管信息系统和相关管理部门同意，按照本市建筑能耗监管信息系统或相关管理部门的安排进行。

2）检查与本市建筑能耗监管信息系统和物业管理部门通信网络，应顺畅无误。

3）查核身份认证和数据加密传输，应准确、有效，符合设计要求。

4）查核系统自动发送用能分项计量数据的内容、发送速度和精度，均应符合设计规定的功能和指标。

（4）区域内能量采集调试。

区域内各水表、电能表采集终端采集数据传输至能量管理集中器。能量采集调试应按设计要求和计划进度进行，做好调试记录，作为能量管理集中器可以投入试运行的依据。

（5）线缆测试。

设备、管线安装完毕，调试人员应按施工图对实际施工管线、设备安装位置和走向、接线端子号等进行审核，同时对线缆的导通、绝缘、传输性能指标进行测试，若未达到设计要求的，责成施工队立刻整改，整改完成后需复测并记录，测试过程中做好测试记录。

（6）单体设备调试。

线缆测试完毕，可进行单体设备如传感器、智能水电热表、电能质量监测装置等的通电、性能调试等。调试通过，做好调试记录，并记录签字，作为能开始系统调试的必备条件，也可作为主要设备中间验收交付的依据。

（7）单项系统调试。

这里指系统中各子系统的独立调试，空调系统、照明系统、电机系统、水泵系统等典型用能系统，并做好调试记录，会同业主、监理在记录上签字，这有利于划清工作界限，也可作为单项系统可以投入试运行的依据。

（8）系统联动调试。

系统联动调试是在完成各单项系统调试的基础上进行，包括各子系统之间的联动，也包括平台与其他系统的联动。联动调试过程中，调试阶段的现场管理组织要协调各工程公司的调试进度，合理划分工作界面，提供必要的数据接口等。项目调试组应按计划实施联动调试，注意安全操作和产品保护，做好调试记录，并会同业主、监理在记录上签字，作为系统可以投入试运行的依据。

（9）系统集成调试。

系统集成调试是在各单项子系统和相关系统联动调试完成的基础上，才能实现系统集成调试。系统集成阶段，各子系统均已开通运行，故必须明确各子系统的功能和相应的接口界面（包括技术数据接口、设备材料供应界面、操作使用界面等），明确工程公司、设备供应商的职责，工程接口界面尽可能标准化、模块化、规范化。系统集成调试应按设计要求和计划进度逐项进行，做好调试记录，并会同业主、监理签字，作为系统可以投入试运行的依据。单机调试后，各个子系统方可开始系统调试。

3. 整体调试

能源服务平台的整体调试要根据设计全面了解整个系统的功能和性能指标。现场调试应在所有用能设备、采集终端、集中器、平台安装完毕，设备试运行工作状况良好，而且满足各自系统的工艺要求的情况下进行。

第四章

综合能源优化运行技术

4.1 典型综合能源设备建模

综合能源系统集成多种设备，系统构成多样化，下面对系统中的供能设备、储能设备和其他辅助设备的数学模型进行具体介绍。

4.1.1 供能设备数学模型

一、光伏发电模型

光伏系统发电功率易受外部天气变化的影响，因而具有随机性。光伏出力受大小与光照强度和温度有关，其模型如下

$$P_{pv}(t)=P_{STC}\cdot\frac{G(t)}{G_{STC}}\cdot[1+k(T(t)-T_{STC})] \tag{4-1}$$

$$T(t)=T_{air}(t)+0.0138\cdot[1+0.031\cdot T_{air}(t)]\cdot(1-0.042\cdot V_w)\cdot G(t) \tag{4-2}$$

$$T_{air}(t)=0.5\cdot\left[(T_{max}+T_{min})+(T_{max}+T_{min})\cdot\sin\left(\frac{2\pi(t-t_p)}{24}\right)\right] \tag{4-3}$$

式中：G_{STC}、T_{STC}、P_{STC} 为标准测试环境下的光照强度、光伏电池温度、最大输出功率，前面两个量值分别取 1kW/m^2 和 25℃；k 为光伏电池温度系数；$P_{pv}(t)$ 为光伏输出功率；$T(t)$ 为太阳电池表面温度；$T_{air}(t)$ 为环境温度值；V_w 为风速；T_{max} 为该日的温度最大值，T_{min} 为该日的温度最小值；t_p 为平均温度时刻。

二、燃气轮机模型

燃气轮机主要分为小型燃气轮机和微型燃气轮机。与传统发电设备相比，小型燃气轮机和微型燃气轮机具有使用寿命长、燃料多元化、运行可靠性高、污染物排放量少和机组控制灵活等优点，适用于中心城市和远郊农村，其模型为

$$C_{\mathrm{GT}}=\begin{cases}(-0.824\cdot P_{\mathrm{cap}}+6713.6)\cdot P_{\mathrm{cap}} & P_{\mathrm{cap}}<4000\\(-0.168\cdot P_{\mathrm{cap}}+4113.92)\cdot P_{\mathrm{cap}} & P_{\mathrm{cap}}\geqslant 4000\end{cases} \tag{4-4}$$

$$\eta_{\mathrm{GT}}^{\mathrm{nom\_E}}=0.2188+2.21\times10^{-5}\cdot P_{\mathrm{cap}}-1.02\cdot10^{-9}\cdot P_{\mathrm{cap}}^{2} \tag{4-5}$$

$$\eta_{\mathrm{GT}}^{\mathrm{nom\_H}}=-0.025\cdot\ln(P_{\mathrm{cap}})+0.64 \tag{4-6}$$

式中：P_{cap} 为燃气轮机的额定容量；C_{GT} 为燃气轮机初始投资成本；$\eta_{\mathrm{GT}}^{\mathrm{nom\_E}}$ 为燃气轮机额定发电效率；$\eta_{\mathrm{GT}}^{\mathrm{nom\_H}}$ 为燃气轮机额定制热效率；

其发电效率和制热效率都与设备的部分负载率有关，下面给出燃气轮机的部分负载下的发电效率和制热效率。

$$\eta_{\mathrm{GT}}^{\mathrm{E}}=(a\cdot PLR^{3}+b\cdot PLR^{2}+c\cdot PLR+d)\cdot\eta_{\mathrm{GT}}^{\mathrm{nom\_E}} \tag{4-7}$$

$$HPR=\frac{\eta_{\mathrm{GT}}^{\mathrm{nom\_H}}}{\eta_{\mathrm{GT}}^{\mathrm{E}}} \tag{4-8}$$

$$Q_{\mathrm{GT}}^{\mathrm{H}}=P_{\mathrm{GT}}\cdot HPR\cdot\eta_{r} \tag{4-9}$$

$$F_{\mathrm{GT}}=P_{\mathrm{GT}}/\eta_{\mathrm{GT}}^{\mathrm{E}} \tag{4-10}$$

式中：$\eta_{\mathrm{GT}}^{\mathrm{E}}$ 为燃气轮机发电效率；HPR 为燃气轮机热电比；PLR 为燃气轮机部分负荷率；η_{r} 为联产系统余热回收效率；P_{GT} 为燃气轮机输出功率；$Q_{\mathrm{GT}}^{\mathrm{H}}$ 为燃气轮机回收的余热量；F_{GT} 为燃气轮机燃料消耗量；燃气轮机发电效率系数 a=0.8264，b=−2.334，c=2.329，d=0.1797。

三、吸收式制冷机模型

在综合能源系统中，吸收式制冷机是不可或缺的，它是提高能源综合利用效率的重要设备，也是改善系统运行的主要设备。吸收式制冷机组驱动能源为热能、工质为溴化锂或气水溶液利用溶液吸收和发生制冷剂蒸气等特性，通过各种循环流程进行机组制冷循环。吸收式制冷机将输入的热量转为冷量输出，转换性能系数取决于输入热量值与输出冷量的比值，称为热力系数，用 COP_{AC} 表示。

$$Q_{\mathrm{AR}}=COP_{\mathrm{AC}}\cdot Q_{\mathrm{AR}}^{\mathrm{h}} \tag{4-11}$$

式中：Q_{AR} 为吸收式制冷机输出的冷量；$Q_{\mathrm{AR}}^{\mathrm{h}}$ 表示输入吸收式制冷机的热量。

四、压缩式电制冷机模型

压缩式电制冷机广泛应用在各类建筑物中，如超市、商场、办公楼、宾馆、医院和居民住宅等建筑。压缩式电制冷机将输入的电能转换为冷量输出，转换性能系数取决于输入电功率值与输出冷量的比值，称为制冷系数，用COP_{EC}表示。

$$Q_{EC}=COP_{EC}\times P_{EC} \tag{4-12}$$

五、燃料电池模型

燃料电池是将燃料和氧化剂中的化学能直接通过化学反应而不是燃烧的方式转换成电能的发电装置，因而具有较高的发电效率、污染物排放量少。燃料电池的余热温度较高，用于冷热电联供系统时，具有较高的供热效率。

燃料电池作为冷热电联供系统的核心设备之一，其发电效率、制热效率跟自身容量、负载率有关，发电效率与制热效率的表达式如下

$$\eta_{fc\_E}=a_1\cdot X_{fc}^2+b_1\cdot X_{fc}+c_1 \tag{4-13}$$

$$\eta_{fc\_H}=a_2\cdot X_{fc}^2+b_2\cdot X_{fc}+c_2 \tag{4-14}$$

式中：a_1，b_1，c_1，a_2，b_2，c_2为燃料电池的效率系数；η_{fc_E}为燃料电池的发电效率；η_{fc_H}为燃料电池的制热效率。

X_{fc}为燃料电池的部分负荷率

$$X_{fc}=P_{fc}/P_{fc\_max} \tag{4-15}$$

式中：P_{fc}为燃料电池输出功率；P_{fc_max}为燃料电池的额定功率。

燃料电池的供电和供热的模型和微型燃气轮机的模型相似，具体数学模型如下

$$P_{fc}=V_{fc}\cdot H_{ng}\cdot\eta_{fc\_E} \tag{4-16}$$

$$Q_{fc}=V_{fc}\cdot H_{ng}\cdot\eta_{fc\_H} \tag{4-17}$$

式中：Q_{fc}为燃料电池输出热功率；V_{fc}为燃料电池每小时的天然气消耗量。

六、太阳能集热器

集热器的性能受制作材料、工艺等诸多因素影响，瞬时效率方程可以反映太阳能集热器性能的。建立光照强度与瞬时效率的数学模型。其效率方程与输出功率方程如下

$$\eta=\eta_0-U_L\times(T_i-T_{omd})/G_{RE} \tag{4-18}$$

$$Q_u=G_{RE}\times\eta\times A_P \tag{4-19}$$

式中：η为太阳能集热器效率；η_0为集热器瞬时效率截距，取0.8；U_L为

集热器热损系数，取1W/m^2；G_{RE}为太阳能幅照量，W/m^2；Q_u为太阳能集热系统输出功率，W；A_P为太阳能集热器面积，m^2；T_i为太阳能集热器输出热水温度，℃；T_{omd}为环境温度，℃；

由式（4–18）和式（4–19）可知，集热器的瞬时效率截距与热损系数为定值，与集热器制作工艺有关，集热器输出热水温度越高，其热量损失越高，总集热效率越低。

七、燃气锅炉模型

燃气锅炉，指的是以燃气为燃料的锅炉，可分为燃气开水锅炉、燃气热水锅炉、燃气蒸汽锅炉等。燃气锅炉的输出功率与自身的输出特性和负荷情况有关，其制热表达式如下

$$Q_{GB}^{H}=\eta_{GB}\cdot F_{GB} \tag{4–20}$$

式中：Q_{GB}^{H}为燃气锅炉的输出热功率；η_{GB}为燃气锅炉的制热效率；F_{GB}为燃气锅炉消耗的燃料量。

八、热泵模型

热泵机组同样也是由压缩机、蒸发器、冷凝器和节流装置组成。热泵系统节能与机组选型有关，机组能效比越高就越节能，影响使用能效比的因素很多，其中COP是反映能效比的主要参数。同时，COP受机组蒸发温度、冷凝温度、水流量和负荷率等多种因素的影响。热泵机组COP的计算方法如下

$$COP=\frac{Q}{P_{in}}=\frac{Q}{Q-Q_c} \tag{4–21}$$

热泵机组模型是将机组的压缩机功耗表示为机组制热量和冷却水回水温度与冷水供水温度之差的二次函数关系。该模型简单易懂，广泛应用于热泵机组的功耗计算，其模型如下

$$P_{in}=a_0+a_1(T_{c1}-T_{e2})+a_2(T_{c1}-T_{e2})^2+a_3Q+a_4Q^2+a_5(T_{c1}-T_{e2})Q \tag{4–22}$$

式中：P_{in}为热泵机组的功率，kW；T_{c1}为热泵机组的冷却水进水温度，℃；T_{e2}为热泵机组的冷冻水出水温度，℃；Q为热泵机组的制热量，kW；$a_j\,(j=0, 1, ..., 5)$为热泵机组模型中的回归系数。整理可得

$$COP=\frac{Q}{a_0+a_1(T_{c1}-T_{e2})+a_2(T_{c1}-T_{e2})^2+a_3Q+a_4Q^2+a_5(T_{c1}-T_{e2})Q} \tag{4–23}$$

式（4–23）反映了机组的COP与负荷Q、冷凝器进水温度T_{c1}和蒸发器出水温度T_{e2}之间的函数关系。

4.1.2 储能设备数学模型

综合能源系统一般包含有可再生能源，储能单元是作为能源系统的重要组成部分，可有效地用于平衡新能源机组输出功率间歇性波动，保证稳定运行，改善系统电能质量，参与需求侧能量管理，实现能源网的经济高效运行。

一、蓄电池

蓄电池容量数学模型表示为可用电荷和束缚电荷，其中可用负荷能向负荷提供电能，束缚电荷可以转化成可用电荷，蓄电池任意时刻的总电荷量等于可用电荷量与束缚电荷量之和，根据蓄电池实际充放电电量计算出蓄电池在充放电后的可用电荷量和束缚电荷量。

$$\frac{\mathrm{d}q_1}{\mathrm{d}t}=-I-k(1-b)q_1+kbq_2 \tag{4-24}$$

$$\frac{\mathrm{d}q_2}{\mathrm{d}t}=k(1-b)q_1+kbq_2 \tag{4-25}$$

$$q=q_1+q_2 \tag{4-26}$$

$$q_1^t=q_{1,0}^t\cdot e^{-k\cdot\Delta t}+\frac{(q_0^t\cdot k\cdot b-I)\cdot(1-e^{-k\cdot\Delta t})}{k}-\frac{I\cdot b(k\cdot\Delta t-1+e^{-k\cdot\Delta t})}{k} \tag{4-27}$$

$$q_2^t=q_{2,0}^t\cdot e^{-k\cdot\Delta t}+q_0^t\cdot(1-b)\cdot(1-e^{-k\cdot\Delta t})-\frac{I\cdot b(k\cdot\Delta t-1+e^{-k\cdot\Delta t})}{k} \tag{4-28}$$

式中：q为任意时段蓄电池内总电荷量；q_1^t为时段t结束时可用电荷量；q_2^t为时段t结束时束缚电荷量；b表示可用电荷量占总电荷量的比值；k为比列系数，用于表示q_2^t转化成q_1^t的速率；I为充放电电流；Δt为系统仿真步长；$q_{1,0}^t$为t时段初始时刻可用电荷量；$q_{2,0}^t$为t时段初始时刻束缚电荷量；q_0^t为总电荷量$q_0^t=q_{1,0}^t+q_{2,0}^t$。

假定蓄电池的端电压维持不变，实际中蓄电池的端电压取决于蓄电池充放电状态、蓄电池充放电电流、蓄电池可用容量和蓄电池内阻大小。而蓄电池出力大小取决于蓄电池荷电状态和电池电压，以及出力上下限。若给定蓄电池出力，则由式$I=P/U$求得蓄电池在该时段的充放电电流，进而求取蓄电池在该时段的最大充放电能力和蓄电池的荷电状态。

$$P_{\mathrm{BT,dismax}}^t=\frac{k\cdot E_{1,0}^t\cdot e^{-k\cdot\Delta t}+E_0^t\cdot k\cdot b\cdot(1-e^{-k\cdot\Delta t})}{1-e^{-k\cdot\Delta t}+b\cdot(k\cdot\Delta t-1+e^{-k\cdot\Delta t})} \tag{4-29}$$

$$P_{\mathrm{BT,chmax}}^{t}=\frac{-k\cdot E_{\mathrm{BTmax}}+k\cdot E_{1,0}^{t}\cdot e^{-k\cdot\Delta t}+E_{0}^{t}\cdot k\cdot b\cdot(1-e^{-k\cdot\Delta t})}{1-e^{-k\cdot\Delta t}+b\cdot(k\cdot\Delta t-1+e^{-k\cdot\Delta t})} \tag{4-30}$$

式中：$P_{\mathrm{BT,dismax}}^{t}$为蓄电池$t$时段的最大放电功率；$P_{\mathrm{BT,chmax}}^{t}$为蓄电池$t$时段的最大充电功率；$E_{\mathrm{BTmax}}$为蓄电池最大储能量；$E_{1,0}^{t}$为蓄电池$t$时段初始可用能量；$E_{0}^{t}$为蓄电池$t$时段总能量。

二、蓄热槽

综合能源系统方面的热点研究之一就是使热电冷负荷和联供系统热点比相互匹配。热能储存就是热负荷需求侧管理的重要方法之一，采用蓄能装置能起到削峰填谷、缓解冷热电负荷比与燃气轮机供给不匹配的矛盾。

蓄能装置的特性可描述成设备自身容量、蓄能输出/输入能力、能量损耗和蓄能热效率等几部分。根据能量平衡关系，蓄能装置动态数学模型可由下式表示

$$W_{\mathrm{h}}(t+1)=W_{\mathrm{h}}\cdot(t)(1-\mu)+\left(\eta_{\mathrm{TST}}^{\mathrm{ch}}Q_{\mathrm{ch}}(t)+\frac{1}{\eta_{\mathrm{TST}}^{\mathrm{disch}}}Q_{\mathrm{disch}}(t)\right)\Delta t \tag{4-31}$$

式中：$W_{\mathrm{h}}(t)$为蓄热槽在t时段储存的热量；Δt为时段t到时段$t+1$的时间间隔；T为调度周期；$Q_{\mathrm{ch}}(t)$为时段t蓄热功率；$Q_{\mathrm{disch}}(t)$为时段t放热功率；μ为蓄热槽自身向环境散热损失的能量系数；$\eta_{\mathrm{TST}}^{\mathrm{ch}}$为蓄热槽的蓄热效率；$\eta_{\mathrm{TST}}^{\mathrm{disch}}$为蓄热槽放热效率。

三、蓄冰槽

蓄冰槽的能量平衡方程为

$$Q_{\mathrm{g}}=-q_{\mathrm{ph}}\frac{\mathrm{d}m_{\mathrm{t}}}{\mathrm{d}t}+m_{\mathrm{i}}c_{\mathrm{i}}\frac{\mathrm{d}T_{\mathrm{i}}}{\mathrm{d}t}+m_{\mathrm{W}}c_{\mathrm{W}}\frac{\mathrm{d}T_{\mathrm{W}}}{\mathrm{d}t} \tag{4-32}$$

式中：Q_{g}为乙二醇溶液的传热量；q_{ph}为水的气化潜热；c_{i}、c_{w}为冰和水的比热。

蓄冰量的计算依据是，单位时间步长内所蓄存的冰量等于当前时间步长结束时，蓄冰槽内蓄存的总冰量减去上一时间步长结束时蓄冰槽内蓄存的总冰量。

$$V_{\mathrm{ice-t,i}}=V_{\mathrm{ice-t,i-1}}+N_{\mathrm{coils}}\cdot\sum_{i=1}^{N}V_{\mathrm{ice,i}} \tag{4-33}$$

式中：$V_{\mathrm{ice-t,i}}$为本时间步长结束时，蓄冰槽内所蓄存的总冰量，m^3；$V_{\mathrm{ice-t,i-1}}$为上一时间步长结束时，蓄冰槽内所蓄存的总冰量，m^3；N_{coils}为蓄冰槽内的盘管数量；N为每根盘管的分段数。

最后，按式（4-33）可计算出本时间步长结束时蓄冰槽内的剩余水量。

$$V_{water-t,i}=V_{water-t,\,i-1}-\frac{\rho_{ice}}{\rho_{water}}(V_{ice-t,i}-V_{ice-t,i-1}) \tag{4-34}$$

式中：$V_{ice-t,i}$为本时间步长结束时，蓄冰槽内所蓄存的总冰量，m^3；$V_{ice-t,i-1}$为上一时间步长结束时蓄冰槽内所蓄存的总冰量，m^3；

四、飞轮储能

飞轮储能系统主要由飞轮、电机、电力电子装置及控制系统组成，先由电动机带动飞轮高速旋转来累积和储存动能，然后再通过发电机将旋转的动能变成电能输出。飞轮的作用是增加电机转子转动惯量以增加储能量，因此可以将其等效为转动惯量J_1，假设电机转子自身的转动惯量为J_2，则飞轮转子和电机转子耦合后的实际转动惯量为$J=J_1+J_2$。

可以从飞轮储能单元提取的最大能量为

$$\Delta E=1/2\cdot J\cdot(\omega_{max}^2-\omega_{min}^2) \tag{4-35}$$

式中：J为飞轮的转动惯量，$kg\cdot m^2$；ω_{max}、ω_{min}为飞轮的最大转速、最小稳定转速，r/s。

从式（4–35）可看出，飞轮储存的能量与飞轮的转动惯量成正比，而跟飞轮转速的平方成正比。可见，提高飞轮的转速比提高飞轮的转动惯量效果更明显。

4.1.3 辅助设备数学模型

一、余热回收装置

冷热电联供系统中，余热利用是系统重要的环节。在冷热电联供系统中，采用余热回收装置回收联供设备发电后的余热，用于制冷或制热，实现能量的梯级利用。

余热回收装置的数学模型如下

$$Q_r=Q_{pgu}\cdot\eta_r \tag{4-36}$$

式中：Q_{pgu}为联供设备产生的余热功率，kW；Q_r为余热回收装置回收的余热功率，kW；η_r为余热回收装置的效率。

二、热交换装置

热交换装置将热量转换成用户需要的热能。数学模型如下

$$Q_e=Q_h\cdot\eta_e \tag{4-37}$$

式中：Q_e为热交换装置输出功率，kW；Q_h为热交换装置输入功率，kW；η_e为热交换装置的效率。

4.2　综合能源优化运行建模及求解

4.2.1 综合能源系统优化调度模型

综合能源系统运行调度是以满足电负荷和冷/热负荷需求为基本目标，基于一定的优化准则，以各类负荷日前预测值为基线，采用优化算法，得到各类能源供给和储存设备的调度计划。

一、优化调度目标函数

综合能源系统运行调度可以包含多种优化目标。通常考虑系统运行的经济性和环保性，分别建立两种优化目标的数学模型。

经济性以综合能源系统的调度运行成本为目标函数，主要运行成本是运行所购入能源费用，同时考虑可再生能源发电的补贴收益。经济性目标函数为

$$F_1=\sum_{i=1}^{I}\sum_{t=1}^{T}C_i\cdot P_{t,i}^{\mathrm{TL}}\cdot H-\sum_{n=1}^{N}\sum_{t=1}^{T}C^{\mathrm{RE}_n}\cdot P_t^{\mathrm{RE}_n}\cdot H \tag{4-38}$$

式中：T为综合能源系统优化调度总区间数；H为每个调度区间的小时数，此处H=1；$C_{t,i}$为第i种能源的价格；$P_{t,i}^{\mathrm{TL}}$为第i种能源在第t时间间隔内的平均功率；C^{RE_n}为第n种可再生能源补贴价格；$P_t^{\mathrm{RE}_n}$为第n种可再生能源发电功率。

环保性以调度期间综合能源系统污染物排放量为目标函数。环保性的目标函数为

$$F_2=\sum_{i=1}^{I}\sum_{t=1}^{T}C_i^{\mathrm{E}}\cdot P_{t,i}^{\mathrm{TL}}\cdot H \tag{4-39}$$

式中：C_i^{E}为第i种能源的污染物排放量。

二、运行调度约束条件

综合能源系统运行调度约束主要包括以下方面。

（1）负荷供需平衡约束

$$P_t^{\mathrm{TL}}+\sum_{n=1}^{N}P_t^{\mathrm{RE_n}}=L_t^{\mathrm{E}}+\sum_{j}P_t^{\mathrm{j}} \tag{4-40}$$

式中：L_t^{E}为t时段规划除供热/冷和储热/冷设备外电负荷需求；P_t^j为t时段第j种制热/冷或储热/冷设备的耗电功率。

$$\sum_j Q_t^j = L_t^{\mathrm{H}} \tag{4-41}$$

式中：Q_t^j为在t时段第j种供热或储热设备的供热量；L_t^{H}为第t时段区域内热负荷需求。

$$\sum_j Q_t^j = L_t^{\mathrm{C}} \tag{4-42}$$

式中：Q_t^j为在t时段第j种供冷或储冷设备的供冷量；L_t^{E}为第t时段区域内冷负荷需求。

（2）供能设备运行约束

$$Q_{\min}^j \leqslant Q_t^j \leqslant Q_{\max}^j \tag{4-43}$$

$$-\Delta Q_{\mathrm{down}}^j \leqslant Q_t^j - Q_{t-1}^j \leqslant \Delta Q_{\mathrm{up}}^j \tag{4-44}$$

式中：$Q_{\min}^j$、$Q_{\max}^j$分别为第j种供热/冷或储热/冷设备的最大最小供热/冷量；$\Delta Q_{\mathrm{down}}^j$、$\Delta Q_{\mathrm{up}}^j$为第$j$种设备的减小出力和增加出力的爬坡速度。

（3）储能设备运行约束

$$W_t^k = (1-\varepsilon)W_{t-1}^k + \sum_k Q_t^k \tag{4-45}$$

$$W_{\min}^k \leqslant W_t^k \leqslant W_{\max}^k \tag{4-46}$$

式中：W_t^k为t时段第k类储电/热/冷设备的储冷量；若$Q_t^k>0$，则为第k类储电/热/冷设备的储电/热/冷量，否则为第k类储电/热/冷设备的放电/热/冷量；$W_{\max}^k$、$W_{\min}^k$分别为第k类储电/热/冷设备的容量上下线。

（4）分布式电源出力功率上下限约束

$$P_{t,\min}^{\mathrm{RE}_n} \leqslant P_t^{\mathrm{RE}_n} \leqslant P_{t,\max}^{\mathrm{RE}_n} \tag{4-47}$$

式中：$P_{t,\min}^{\mathrm{RE}_n}$和$P_{t,\max}^{\mathrm{RE}_n}$分别为第$n$种分布式电源的最小和最大输出功率。

（5）分布式电源出力爬坡速率约束

$$\begin{array}{ll} P_t^{\mathrm{RE}_n} - P_{t-1}^{\mathrm{RE}_n} \leqslant R^{\mathrm{U}}\Delta t & P_t^{\mathrm{RE}_n} \geqslant P_{t-1}^{\mathrm{RE}_n} \\ P_t^{\mathrm{RE}_n} - P_{t-1}^{\mathrm{RE}_n} \geqslant -R^{\mathrm{D}}\Delta t & P_t^{\mathrm{RE}_n} < P_{t-1}^{\mathrm{RE}_n} \end{array} \tag{4-48}$$

式中：R^{D}和R^{U}分别为可调度分布式电源每小时的爬坡率下限和上限。

（6）电网有功约束

$$P_{i,\min}^{\mathrm{TL}} \leqslant P_{i,t}^{\mathrm{TL}} \leqslant P_{i,\max}^{\mathrm{TL}} \tag{4-49}$$

式中：$P_{i,\min}^{\mathrm{TL}}$和$P_{i,\max}^{\mathrm{TL}}$分别为节点i允许传输的最小和最大功率；当i=0时，为综合能源系统与外界电网的联络线的有功上下限，$P_{i,\min}^{\mathrm{TL}}$为节点i在t时刻的有功功率。

（7）电网节点电压约束

$$V_i^{\min} \leqslant V_{i,t} \leqslant V_i^{\max} \tag{4-50}$$

式中：$V_{i,t}$是t时段节点i的电压值；$V_i^{\max}$和$V_i^{\min}$分别为节点的电压的上下限值。

（8）热网流量约束

$$F_{i,\min}^{H} \leqslant F_{i,t}^{H} \leqslant F_{i,\max}^{H} \tag{4-51}$$

式中：$F_{i,\min}^{H}$和$F_{i,\max}^{H}$分别为热网节点i的最小和最大流量；$F_{i,t}^{\mathrm{H}}$为节点i在t时刻的流量。

（9）供冷网络流量约束

$$F_{i,\min}^{\mathrm{C}} \leqslant F_{i,t}^{\mathrm{C}} \leqslant F_{i,\max}^{\mathrm{C}} \tag{4-52}$$

式中：$F_{i,\min}^{\mathrm{C}}$和$F_{i,\max}^{\mathrm{C}}$分别为供冷网络节点i的最小和最大流量；$F_{i,t}^{\mathrm{C}}$为节点i在t时刻的流量。

（10）气网流量约束

$$F_{i,\min}^{\mathrm{G}} \leqslant F_{i,t}^{\mathrm{G}} \leqslant F_{i,\max}^{\mathrm{G}} \tag{4-53}$$

式中：$F_{i,\min}^{\mathrm{G}}$和$F_{i,\max}^{\mathrm{G}}$分别为气网节点i的最小和最大流量；$F_{i,t}^{\mathrm{G}}$为节点i在t时刻的流量。

（11）热电耦合约束

$$\frac{\sum_{m=1}^{M} Q_m}{\sum_{n=1}^{N} P_n} \geqslant \tau \tag{4-54}$$

式中：Q_m和P_n分别为热电耦合机组的产热和产电量；t为国家规定的热电联产机组的年均热电比基准值，通常取50%。

4.2.2 综合能源系统优化调度算法

一、粒子群算法

综合能源系统优化调度具有约束复杂、求解维度高的特点，难以得到解析解，可采用粒子群算法对该问题进行求解。粒子群算法具有较好的全局搜索能力，因而被应用于求解此类问题。应用粒子群算法的基本流程如图4-1所示。

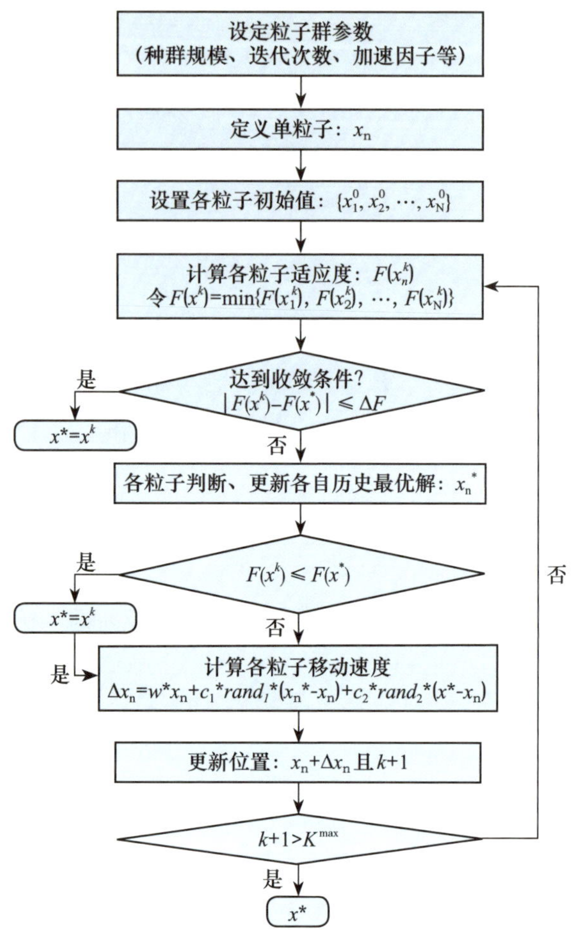

图 4–1　粒子群优化算法流程图

二、动态规划法

动态规划法是一类处理多阶段决策问题的有效解决方案，其理论基础是最优性理论，即最优策略所包含的子策略一定是最优子策略。常用动态规划求解基本方程如下

$$\begin{cases} f_{\mathrm{N}}(x_{\mathrm{N}},u_{\mathrm{N}}) = v_{\mathrm{N}}(x_{\mathrm{N}},u_{\mathrm{N}}) \\ f_k(x_k,u_k) = \min\{v_k(x_k,u_k) + f_{k+1}(x_{k+1},u_{k+1})\} \\ k = \mathrm{N}-1,\cdots,2,1 \end{cases} \tag{4-55}$$

式中：x_k 为第 k 阶段的状态变量；u_k 为第 k 阶段的决策变量；v_k（x_k，u_k）为第 k 阶段的指标函数；N 为规划阶段总数。

以每小时为调度间隔为例，日前优化调度过程可以分为 24 个阶段决策过程。在进行每个阶段决策时，由于本阶段的决策将会对下面的阶段产生影响，所以不仅要考虑阶段指标，还应该考虑从本阶段直至最后一个阶段的总指标；基于动态规划法的模型求解详细流程图如图 4–2 所示。

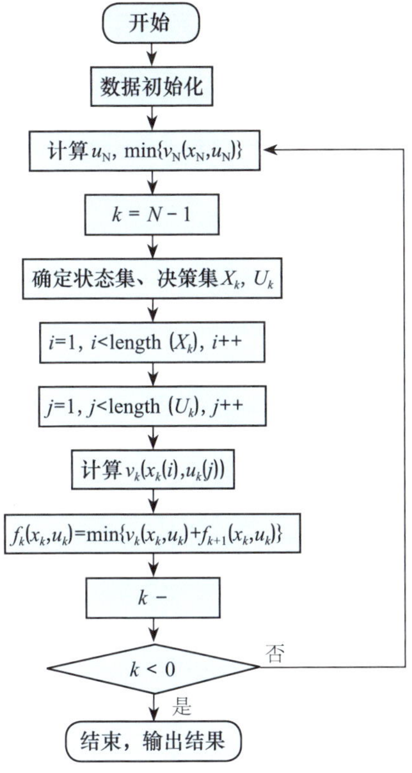

图 4–2　基于动态规划法的模型求解流程图

三、遗传算法

遗传算法是一种建立在模拟生物进化过程中自然选择与遗传变异等机制上的全局概率性随机搜索算法。主要优点有：适应度作为搜索信息，搜索过程与优化函数是否连续无关，无须其他信息辅助；并行搜索能力强，在求解过程中可同时对多个解空间区域进行搜索，从而减少局部最优解的产生概率；鲁棒性较强，针对非连续、多峰值及存在噪声干扰等问题，具有很强的寻优计算能力；可扩充性好，易于与其他智能算法相结合；智能性很强，可用于求解复杂的非结构化问题。

在利用遗传算法进行寻优求解时，首先是将优化问题的可能解集按某种规则编码，编码后的解即为个体。然后随机选取一定数量的个体组成初始种群，再根据评价函数对种群中每个个体进行适应度计算，使得性能较好的个体具有较高适应度。在进化过程中，适应度高的染色体得以保留繁殖，并通过遗传算子进行选择、交叉（基因重组）、变异，进化出环境适应度更高的个体种群。反复重复上述繁殖、进化过程，产生环境适用度更佳的个体。当进化过程完成后，将最终种群中的基因进行解码，即可得到所求目标函数的最优解。其算法流程如图4–3所示。

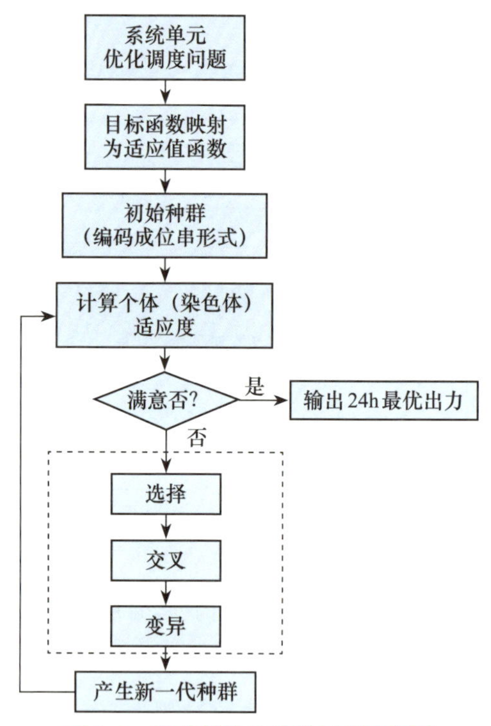

图4–3 遗传算法的迭代寻优流程图

4.3 综合能源系统运行策略分析

4.3.1 分层控制体系

综合能源系统一般由电力、天然气和热能系统组成，电、气、冷、热能之间的相互转化、相互影响构成了综合能源系统运行的主要特征。含有多种能源的综合能源系统中，为实现其整体运行的安全性、经济性和灵活性，需要不同能源彼此间的协调配合。考虑到微型能源系统内元件众多，结构复杂，能源形式多样，各能源子系统间相互耦合、相互影响。因此，采用分层优化的调度方法，是实现综合能源系统有效管理和能量管控的一种有效途径。通常采用三层控制体系结构，对微型能源系统中的电、气、热子系统实行分层优化控制，三层控制结构包括协调控制层、优化控制层和执行控制层，并根据系统时间尺度的不同，在优化控制层内部实现对电、气、热子系统的协调控制。

4.3.2 优化控制层

在所提的分层控制体系中，优化控制层用于求解综合能源系统的能量优化分配问题，因此需制定系统在一段时间范围内的能量优化分配方案，同时下发给执行控制层。能量优化分配方案要同时满足微型能源系统的运行经济性、环保性、安全性等多种目标及各设备或用户对电、气、热、冷能的需求。优化控制层同时要满足整个微型能源系统以及每台设备的各种运行约束，且要考虑包括电系统、热能系统和燃气系统在内的各子系统的动态过程和耦合联系。

一、基于能源集线器的优化分配技术

优化控制层将利用能源集线器技术，根据电/热系统的预测负荷数值，生成各子系统的调度信号。目标函数和约束条件如下，在微型能源系统独立运行时，其与电网的功率交换为零。将通过该模型所得优化结果下发给优化控制子层，实现对微型能源系统的运行调控。

二、基于多时间尺度的分层优化控制方法

综合能源系统中的不同能源子系统具有不同的时间尺度（电系统时间尺度在毫秒级，热系统和天然气系统的时间尺度在秒或分钟级），彼此差异明显。同时，通过微型能源系统优化分配技术得到的优化分配方案的时间尺度往往是小时级或数十分钟级的，要远远大于各能源系统的时间尺度。因此，由优化分配技术得到的系统运行计划在实际执行时，很可能造成不满足设备约束或网络限制的情况。考虑到这一点，须在分层优化控制体系架构里的最优模块（或层级）中，根据控制对象的时间尺度划分若干子层，对不同时间尺度的控制对象分别进行优化。

但从另一层面考虑，微型能源系统中各种设备、系统相互联系，其优化

控制问题本身应该是一个整体，因此需研究其优化控制问题的解耦方法，在尽量不损害解的最优性的前提下，根据时间尺度将整个微型能源系统的优化控制问题拆分成若干子问题，进而实施分层协调优化。为此，根据微型能源系统的时间尺度，可将优化控制层划分为三个子层，优化控制层将优化分配方案按照各层的时间尺度逐级送给各子层。

三、集成多时间尺度的能量管理

在所设计的微型能源系统分层控制系统中，慢控制子层主要负责对热系统进行管理，具体来说，主要是对热储能系统进行管理，以平衡热能系统功率需求。中间控制子层主要负责天然气系统管理以及为快速控制层生成设定点，并会在每一个步长中利用天然气动态仿真工具进行方案验证，根据验证结果对优化调度命令的生成设定点进行进一步调整。快速控制子层主要负责短期的频率调节以及电储能系统的管理，以应对光伏出力和电气负荷的波动。电储能系统使用一种简单的滤波算法来调节其功率和能量输入/输出，其中电池输出功率指令由电储能系统和超级电容器的功率差值给定，储能装置的边界约束将会补偿功率损耗，同时防止储能装置的过充和过放。在微型能源系统独立运行时，微型燃气轮机将主要负责系统频率的调整。

4.3.3 协调控制层

设计系统协调控制层的目的，是实现对整个微型能源系统及其控制体系的总体控制，主要包括如下功能。

一、层间协调

综合能源系统各子系统间的互动，将在协调控制层进行协调优化，基于各能源子系统的预测结果来判断运行方案是否会引起设备越限情况。若在某一层中出现了运行越限情况，则可在优化控制层中调整运行计划，并将调整后的结果返送给协调控制层，以便在之后的优化分配方案中加以考虑。

三联供系统中的微型燃气轮机耦合了天然气系统和电气系统，因此，需要协同两个子系统之间的交互，如果天然气系统运行越限，中间控制层将会调整微型燃气轮机的出力，并将调整结果返送给协调控制层。

空调系统耦合了电气系统与热能系统，为避免微型燃气轮机的频繁调整，空调将会用于平衡由预测误差导致的功率差额。当电储能系统达到其运行边界时，一种直接负荷控制的方法将会被使用，以满足系统需求。通过协调热储能系统和空调系统，能够满足电气系统的需要，同时不影响热能的供应。当热储能装置达到其运行约束时，电气系统的功率需求将会通过电网（并网运行模式）及微型燃气轮机（独立运行模式）进行平衡。

二、软切换

综合能源系统中的热负荷由微型燃气轮机和空调供应。考虑到热负荷的响应时间较长，可采用软切换方式以减少热负荷变化过程中的电气系统波动。当采用硬切换过程时，微型燃气轮机和空调按照“0–1”模式进行切换；而在软切换过程中，它们采用如下一种平滑的过渡过程来完成切换，设备的功率设定点轨迹如下

$$\Delta P_{MT\_c}(t)=\omega_{MT\_t}(t)\Delta P_{MT\_r} \tag{4-56}$$

$$\Delta P_{AC\_c}(t)=\omega_{AC\_t}(t)\Delta P_{AC\_r} \tag{4-57}$$

式中：$\Delta P_{MT\_c}(t)$ 和 $\Delta P_{AC\_c}(t)$ 表示传递给微型燃气轮机和空调的电功率指令；ΔP_{MT_r} 和 ΔP_{AC_r} 表示它们需求的功率；$\omega_{MT\_t}(t)$ 和 $\omega_{AC\_t}(t)$ 表示相应的权重；$t\in[t_0,t_0+T_s]$；T_s 表示软切换的持续时间。此外，按计划执行的模式切换过程（如从并网转为独立运行模式）也由软切换过程，通过控制微型燃气轮机和空调的权重来实现，并对综合能源系统联络线的功率实施控制。

三、控制策略的选择

在综合能源系统中，电气子系统拥有并网运行和独立运行两种模式；而热电联产系统则拥有以热定电、以电定热、混合运行、经济性最优模式和能源综合利用率最优模式。为保证系统的运行效率，协调控制层会根据系统运行条件的不同，选择不同的控制策略。下面主要介绍下热电联产系统的运行模式。

1. 以热定电

以热定电运行模式的控制目标是先满足系统冷（热）负荷的需求，当冷、热、电三联供系统能够满足系统内的冷（热）负荷需求时，采用联供系统供冷，当联供系统供冷（热）能力不足时，以电空调的形式补充。

2. 以电定热

以电定热运行方式，是优先满足自身用电负荷和系统电负荷的需求，当三联供系统供电能力能够满足系统的用电需求时，用燃气轮机进行供电，此时的燃气轮机的输出功率跟随系统的电负荷变化，当三联供系统的供电能力不足以满足系统要求时，在用尽其供电能力的基础上由外网向系统供电。

3. 混合运行

混合运行模式，是集以热定电和以电定热为一体的一种运行模式。这种运行模式是根据三联供系统的实时负荷对策略进行调整，采用以热定电或者以电定热，最终达到优化目标。这种运行模式灵活，适应性更强。

4. 经济性最优模式

经济性最优模式的控制目标是运行成本最低，控制变量是燃机功率，控制策略是：根据预测或实测的冷、电负荷，利用程序计算出优化运行的燃机功率和对应的优化运行成本，进而通过控制燃机功率，调整系统运行状态，使系统在整个运行阶段内都趋于成本最低状态。为避免负荷误差或计算过程误差过大导致的优化失效，应将程序计算的优化运行成本与实测的运行成本进行比较，如相差过大，超过设定值，则需要对控制系统进行检查和修正。

5. 能源综合利用率最优模式

能源综合利用效率最优模式，是以能源综合利用效率最高的一种控制模式。根据预测或实测的冷、电负荷，利用程序计算出优化运行的燃机功率和对应的优化运行能源综合利用效率，进而通过控制燃机功率，调整系统运行状态，使系统在整个运行阶段内都趋于能源综合利用效率最高状态。同样，为了避免误差导致的优化失效，也需要对控制过程进行检查和修正。

4.3.4 执行控制层

执行控制层将运行优化方案转化为微型能源系统中各个具体设备的控制指令和状态设定值，它是优化控制层与实际设备的接口部分，具体包括微型燃气轮机、空调、电储能、热储能、光伏等环节的控制器。这些控制器一般是嵌入在相应设备内部，微型能源系统上层控制环节，通过与这些控制器通信实现对系统各元件的实际控制。

一、锅炉控制策略

从提高系统的能效性来讲，一个区域供暖系统应以变流量和变供回水温度差的模式运行。基于这点考虑，当系统处于供暖模式时，锅炉将提供变温热水以满足系统的供暖需求。在供冷季时，锅炉输出的热能将驱动吸收式制冷机组进行制冷。由于吸收式制冷机组的热力系数与其发生器的进水温度紧密相关。因此，当系统运行在供冷模式时，为了确保吸收式制冷机组具有相对稳定的运行性能，锅炉将提供恒温热水。在不同运行工况下，锅炉的出水温度将由温度控制系统通过温度设定点进行调节，调节的实质则是改变锅炉的输入功率。如图4–4所示，太阳能热水锅炉控制系统包括集热系统流量控制系统及锅炉出水温度控制系统。

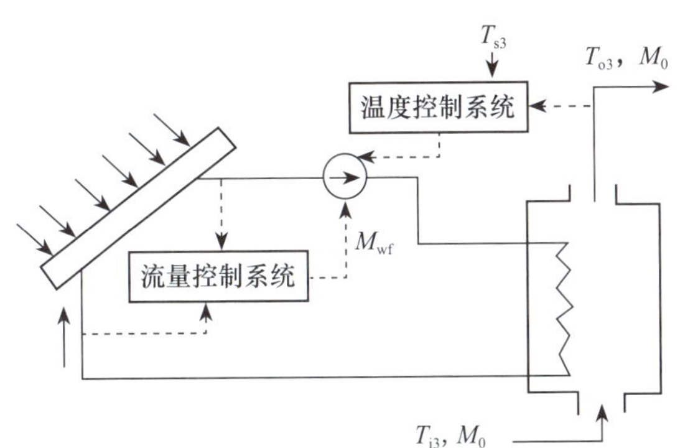

图4–4 太阳能热水锅炉控制系统示意图

对于太阳能集热系统而言，可以通过调节流经集热器的工质流量以改变其集热效率η_c，进而实现集热量的控制。当锅炉需要最大限度利用太阳能时，流量控制系统动作，而此时锅炉出水温度控制系统并不动作。对于某一太阳辐射值，集热系统存在一个最佳流量与之对应。因而，基于采集到的太阳辐射数据和集热器的特性数据，流量控制系统给出一个最佳流量设定值M_{wf}^*，利用状态反馈装置调节循环水泵流量，使集热系统运行于最佳集热效率η_c，即

$$T_{o3}=T_{i3}+\frac{\eta_c^* N_{col}A_c H_T}{M_0 c_w} \tag{4-58}$$

式中：T_0、T_i分别为锅炉的进水温度和出水温度，℃；M_0为锅炉的热水流量，kg/s；c_w为水的比热容，J/（kg·℃）；η为效率；N_{col}为太阳能集热器运行数目；A_c为单个集热器的集热面积，m^2；H_T为太阳辐射通量，W/m^2。

而当锅炉所需输入功率小于最佳集热功率时，锅炉的温度控制系统动作，根据出水温度设定值，在最佳流量的基础上减少工质流量，调节集热量，从而使锅炉出水温度达到设定值，即

$$T_{s3}=T_{o3}=T_{i3}+\frac{\eta_c N_{col}A_c H_T}{M_0 c_w} \tag{4-59}$$

如图4–5所示为天然气锅炉的控制系统示意图。对于天然气热水锅炉，温度控制系统通过调节天然气输入流量B_g，以确保锅炉出水温度T_{o2}达到设定值T_{s2}，当锅炉处于稳定工况时，可以得到

$$T_{s2}=T_{o2}=T_{o3}+\frac{\eta_2}{M_0c_w}q_gB_g \tag{4-60}$$

式中：q_g为天然气热值，J/m^3；B_g为天然气消耗率，m^3/s。

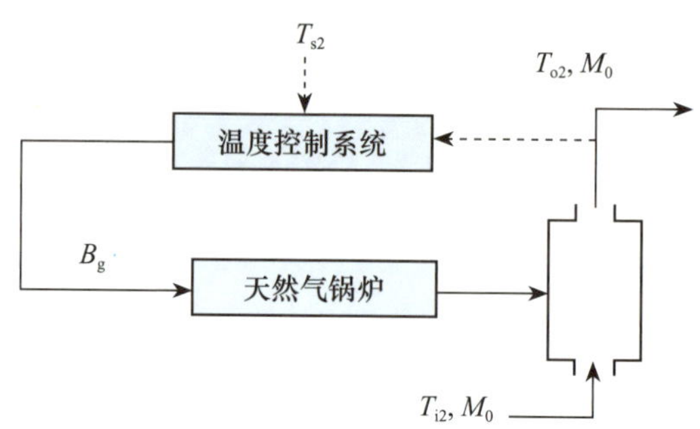

图4-5　天然气热水锅炉控制系统示意图

二、制冷机组控制策略

出于对制冷机组安全性和经济性的考虑，不同负载工况下应对其制冷功率进行调节。对于螺杆式制冷机组来说，制冷功率将通过调节压缩机的输入功率以达到控制的目的。如图4-6所示为螺杆式制冷机组控制策略示意图。温度传感器测量到的供水温度T_{chws}与供水温度设定值$T_{chws.set}$作比较，由此得到的温度偏差将作为信号输入到控制系统，紧接着控制系统将产生一个频率信号。基于频率信号，变频器将动作并实现压缩机的转速控制。

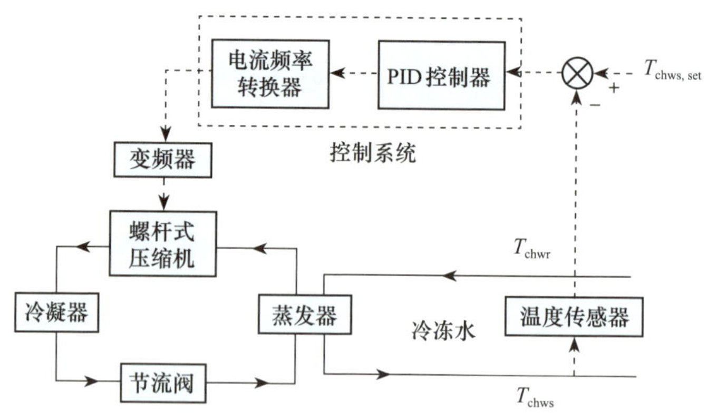

图4-6　螺杆式制冷机组的控制策略示意图

考虑到压缩机转速只能在某一范围内进行调节，因此控制系统产生的频率信号值应该有上下限。当系统处于稳定运行工况时，存在以下关系式

$$T_{chws}=T_{chws.set}=T_{chwr}-\frac{COP_1\cdot P_{pur2}}{M_{c1}c_w} \tag{4-61}$$

式中：COP_1 螺杆式制冷机的制冷系数；M_{c1} 为冷冻水流量，kg/s；P_{pur2} 为制冷机组购电功率，W；T_{chwr} 为供水实际温度。

对溴化锂（LiBr）吸收式制冷机制冷功率的控制是在保证其发生器进出水温度恒定的情况下，调节发生器输入热水流量而实现的。如图 4–7 所示为溴化锂吸收式制冷机组控制策略示意图。在反馈控制环路中，由温度传感器测得的温度 T_{chws} 与设定值 $T_{chws.set}$ 进行比较从而获得温度偏差。PID 控制器利用温差信号通过执行控制单元给出最终控制命令。执行控制单元是电流频率转换器，最终控制单元则是变速泵。执行控制单元利用 PID 控制输出并将其转换成一个标准化的频率信号。随后变频器动作以改变泵的转速，从而实现热水流量 M_{gen} 的调整。当系统达到稳定运行工况时，可得到如下平衡关系式

$$T_{chws} = T_{chws.set} = T_{chwr} - \frac{COP_2 \cdot M_{gen} \cdot c_w \cdot (T_{gen}^{in} - T_{gen}^{out})}{M_{c2} \cdot c_w} \tag{4-62}$$

式中：M_{gen} 为流经发生器的热水流量，kg/s；T_{gen}^{in} 和 T_{gen}^{out} 分别为发生器的进水温度和出水度，℃；COP_2 为吸收式制冷机的热力系数；M_{c2} 为冷冻水流量，kg/s。

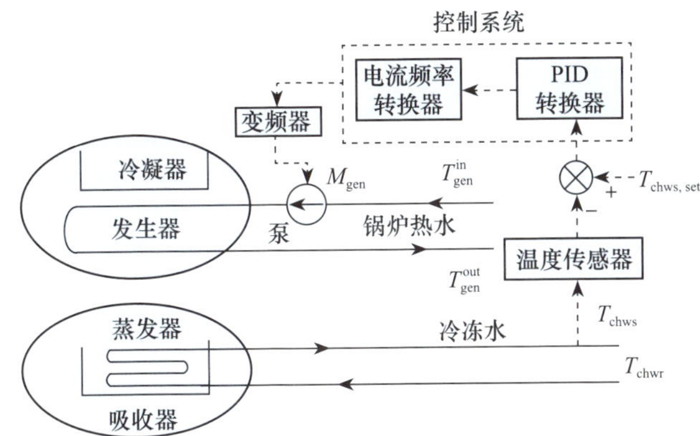

图 4–7　溴化锂吸收式制冷机组控制策略示意图

三、燃气内燃发电机组控制策略

冷热电三联供系统中，内燃机输出机械功率驱动同步发电机发电，内燃机输出机械功率即为发电机输入功率，其值的变化直接决定发电机的输出功率。考虑到内燃机数学模型比较复杂，而其机械功率输出即为同步发电机的有功输入，在对发电机组并离网控制策略研究时，将内燃机理想化，即仅研究同步发电机输入功率对频率的影响。发电机输出电压的调整通过控制同步发电机励磁实现。由于系统中内燃发电机组在发电容量中占比较大，且输出

可控，因此内燃发电机组控制方式为：在并网运行时，系统电压、频率由大电网支撑，发电机组作为可控单元接受大电网上层控制信号调度；在离网运行时，由内燃发电机组向冷热电三联供系统提供电压频率支撑。

1. 离网运行状态

冷热电三联供系统离网运行时，电能的频率与电压完全由系统内供电单元维持稳定。由于光伏发电单元波动性较大，蓄电池容量配置较小，故由内燃发电机组提供电压频率支撑。设计了基于电压、转速的双闭环PID反馈控制方法，通过控制内燃机的机械功率输出和发电机励磁电压来维持系统“离网”运行时电压、频率的稳定。发电机转速与系统频率成正比关系，而系统有功功率是否平衡决定了系统频率增减，因此以发电机转速误差作为内燃机节气门控制信号，采用PID控制器实时矫正，即可维持系统频率稳定。同理，以系统电压（发电机输出电压）与额定电压误差为参考信号，采用PID控制器校正信号对励磁调节器给定值进行不断调节，即可改变发电机励磁电流以改变发电机端电压，从而维持系统电压稳定。

2. 并网运行状态

在系统并网运行时，大电网与冷热电三联供系统容量相比，相当于无穷大系统，系统的电压、频率完全由大电网决定，发电机仅需按照上层控制系统指令信号进行功率输出。

四、光伏发电系统控制策略

光伏发电单元利用清洁可再生能源发电，通常采取最大功率点跟踪控制方法。通过实时检测光伏阵列的功率输出，采用一定的控制算法对光伏电池输出功率进行比较寻优，并通过调整直流侧电压来实现最大功率输出。目前，控制所采用的主要方法有：电导增量法（INC）、扰动观察法（P&O）、恒定电压法（CVT）等。

其中，恒定电压法基本原理是：在温度恒定时，光伏电池最大功率点处的输出电压与其开路电压成近似线性关系，是一种开环控制方法，当温度变化时存在较大误差。电导增量法与扰动观察法属于闭环控制算法，具有自动寻优功能，是现有光伏发电控制单元普遍应用的最大功率跟踪方法。这两种方法原理相同，均是通过不断检测光伏阵列的输出功率，求解比较功率变化方向，不断向最大功率点靠近。其中，电导增量法具有跟踪精度高，误判率低等优点，是其对硬件要求较高，算法实现复杂；扰动观察法，不能精确判定最大功率点，存在震荡现象，但是硬件成本低，算法容易实现，应用广泛。

第五章

综合能源服务商业运营与管理

由于各类能源系统在能源管理与运营方式上差别较大，因此通过构建综合能源服务平台来服务用能系统健康、稳定发展至关重要，但现阶段综合能源服务商业模式不成熟，各方利益壁垒导致能源变革红利难以实现。因此本章引入若干典型的综合能源商业模式的发展及特点等，并简要介绍综合能源的管理及运维内容。

5.1 典型商业模式分析

5.1.1 EMC模式

一、类型

合同能源管理（Energy Performance Contracting，国内简称EMC，国外简称EPC）指由专业的节能服务公司（国内简称EMCO，国外简称ESCO）通过能源服务合同，为客户企业提供节能服务、节能诊断、融资、改造等服务，并以节能效益分享方式回收投资和获得合理利润的一种市场化的节能服务机制。其实质就是以减少的能源费用来支付节能项目全部成本的节能业务方式。这种节能投资方式允许客户用未来的节能收益为工厂和设备升级，以降低运行成本；或者节能服务公司以承诺节能项目的节能效益或承包整体能源费用的方式为客户提供节能服务。合同能源管理有如下商业模式。

1. 节能效益分享型

对于电能替代项目，节能服务公司提供资金和全过程服务，在客户配合下实施电能替代项目，在合同期间与客户按照约定的比例分享节能收益；合同期满后，项目电能替代效益和电能替代项目所有权归客户所有，客户的现金流始终是正的。这种类型模式的关键在于节能效益的确认，测量、计算方法要写入合同。为降低支付风险，用户可向节能服务公司提供多方面的节能效益支付保证。

2. 能源费用托管型

用户委托节能服务公司出资进行能源系统的节能改造和运行管理，并按照双方约定将该能源系统的能源费用交节能服务公司管理，系统节约的能源费用归节能服务公司的合同类型。项目合同结束后，节能公司改造的节能设备无偿移交给用户使用，以后所产生的节能收益全归用户。

3. 节能量保证型

对于电能替代项目，客户分期提供电能替代项目资金并配合项目实施，节能服务公司提供全过程服务并保证项目节能效果。按合同规定，客户向节能服务公司支付服务费用。如果项目没有达到承诺的节能量，按照合同约定由节能服务公司承担相应的责任和经济损失；如果节能量超过承诺的节能量，节能服务公司与客户按照约定的比例分享超过部分的节能效益。项目合同结束，先进高效节能设备无偿移交给客户企业使用，以后所产生的节能收益全部归客户企业享受。

对于电能替代项目，客户委托节能服务公司进行能源系统的节能改造和运行管理，按照合同约定支付能源托管费用。节能服务公司自筹资金为客户管理和改造能源系统，承包能源费用，合同规定能源服务质量指标及其确认方法，不达标时，节能服务公司按照合同给予赔偿。节能服务公司的主要经济来源来自能源费用的节约，客户的经济效益来自于能源费用（承包额）的减少。

4. 融资租赁型

融资公司投资购买节能服务公司的节能设备和服务，并租赁给用户使用，根据协议定期向用户收取租赁费用。节能服务公司负责对用户的能源系统进行改造，并在合同期内对节能量进行测量验证，担保节能效果。项目合同结束后，节能设备由融资公司无偿移交给用户使用，以后所产生的节能收益全归用户。

5. 混合型

由以上4种基本类型的任意组合形成的合同类型。

二、优势

（1）用能单位不需要承担节能项目实施的资金、技术风险，并在项目实施降低用能成本的同时，获得实施节能带来的收益和获取ESCO提供的设备。

（2）节能效率高，EMC项目的节能率一般在5%~40%，甚至可超过50%。

（3）改善客户现金流，客户借助ESCO实施节能服务，可以改善现金流量，把有限的资金投资在其他更优先的投资领域。

（4）使客户管理更科学，客户借助EMC实施节能服务，可以获得专业节能资讯和能源管理经验，提升管理人员素质，促进内部管理科学化。

（5）提升客户竞争力，客户实施节能改进后，减少了用能成本支出，提高了产品竞争力。同时还因为节约了能源，改善了环境品质，建立了绿色企业形象，从而增强市场竞争优势。

（6）节能更专业，由于ESCO是全面负责能源管理的专业化“节能服务公司”，所以能够比一般技术机构提供更专业、更系统的节能技术和解决方案。

（7）节能有保证，ESCO可向用户承诺节能量，保证客户可以在项目实施后即刻实现能源利用成本下降。

（8）投资回收短，EMC项目投资额较大，但投资回收期短。从已经实施的项目来看，投资回收期平均为1~3年。

（9）市场机制及双赢结果，ESCO为客户承担了节能项目的风险，在客户见到节能效益后，才与客户一起分享节能成果，而取得双赢的效果。

三、制约因素

尽管合同能源管理项目的实施在中国已有不少成功案例，并且拥有广阔的发展前景，但中国合同能源管理的发展，依然存在许多制约因素，主要表现在：

（1）当前节能降耗还没有成为某些高耗能企业和地方政府的自觉意识，仍然有不少的企业为了一己私利，以经济利益为中心，节能降耗意识较弱。在法律制度方面还没有形成和确立节能投资激励机制和企业节能激励机制；缺乏具有一定强制性的政策法规，影响EPC产业的发展。很多城市尚缺乏系统性的适合本地市场的财务管理、财税减免、金融支持、政策性奖励等法律法规。政策落实缺乏时效性。与节能服务产业相比，很多城市尤其是二三线小城市对EPC国家政策的贯彻执行还不够及时；奖励资金申请流程烦琐、不规范。从本质上说，合同能源管理项目是节能服务公司利用节能的新技术帮助高耗能企业进行节能，因此，节能服务公司是否拥有节能技术，是否拥有节能技术研发的实力才是决定合同能源管理项目是否成功的根本性因素。由于中国的合同能源管理事业才刚刚起步，许多人对合同能源管理的了解不够，业务规模和从业人数还相对不足，尤其缺少技术过硬，专业本领强又会控制风险，还能与人沟通的复合型人才非常困难。能源服务行业的薪资待遇标准不确定，薪资是不具有吸引力的，难以吸引高素质人才。

（2）节能服务公司实施合同能源管理项目，需要先垫付资金，随着实施项目的增多，资金压力不断加大，如果没有融资支持，公司发展就会难以为继。同时由于合同能源管理的投入产出周期长，大项目一般在投入几年以后才会有回报，企业要进行后续投入面临很大的资金压力。由于中国合同能源管理行业不规范，大多数ESCO还处于发展阶段，缺少较高诚信度，银行资信等级较低，申请贷款及担保程序烦琐，ESCO贷款比较困难。

（3）企业信用评价体系不完善阻碍了合同能源管理服务业的发展。一般来讲，采用合同能源管理模式进行节能技改的项目周期较长，利益分期回报。节能服务公司普遍担心在节能改造项目结束后用能单位是否会有其他的变故影响支付能力。在社会诚信和商业诚信相对缺失、司法成本偏高、体制不够完善的情况下，节能服务公司承担一定的商业风险，如果遭遇恶性恶意毁约不履行承诺的案子就会对节能服务公司尤其是小型的节能服务公司运营造成困扰，影响其运转。某些ESCO片面追求利益，为拿项目盲目保证节能量，损害业主利益，破坏了节能行业的行风；一些城市又缺乏权威的节能量审核机构，发生纠纷仲裁困难、造成企业负担。

（4）催生供暖行业新模式，供暖行业主要面对的用户有市政热力、大型工业园区、工矿企业等。而热力公司或分布式锅炉房是主要的热源供给主体。“如果有条件能够实现提前供暖并确保优质的供暖效果，还能为项目带来增值效应。”很多开发企业如此设想。尤其是对于那些自建锅炉房的开发企业来说，不仅要有一定的初期投入，管理锅炉这类特种设备还需要具备独立运营的条件且需要建立一个专业化团队，投入和收益能否平衡不得而知。目前国内已有很多涉足供暖行业的合同能源管理企业，为上述设想指定方案。其模式为：由供热公司承担项目的投资、融资、建设、经营和维护，在协议规定的期限内，向热用户收取用热费，以此来回收项目投融资、建造、运营和维护成本，取得合理回报。而房地产公司拥有供热设施建设的监督权，合同期满后，还可以收回项目的运营权。“建造—运营—转让的BOT模式已经在国际上比较普遍。”对于建设方而言，最大的好处是节省锅炉等供暖设备的投资，实现系统、设备的最优化配置。随着供暖行业的发展，从而也催生了锅炉系统的生产供应行业。锅炉行业是传统行业，也是能耗很高的一种产品。一直以来对于锅炉设备的升级换代，在国内因为资金和技术等因素，进程非常缓慢。运用合同能源管理模式，将大大加快锅炉行业技术的更新，大大加快原有的锅炉设备的升级换代。

5.1.2 BT模式

BT（Build–Transfer）模式，即“建设—移交”，是一种新型的投融资建设模式。是政府通过特许协议授权企业对项目进行融资建设，项目建设验收合格后由政府赎回，政府用以后的财政预算资金向企业支付项目总投资加上合理回报。

一、BT模式简介

项目发起人通过与投资者签订合同，由投资者负责项目的融资、建设，并在规定时限内将竣工后的项目移交项目发起人，项目发起人根据事先签订的回购协议分期向投资者支付项目总投资及确定的回报。

（1）政府根据当地社会和经济发展需要对项目进行立项，完成项目建议书、可行性研究、筹划报批等前期工作，将项目融资和建设的特许权转让给投资方（依法注册成立的国有或私有建筑企业），银行或其他金融机构根据项目未来的收益情况对投资方的经济等实力情况为项目提供融资贷款，政府与投资方签订BT投资合同，投资方组建BT项目公司，投资方在建设期间行使业主职能，对项目进行融资、建设，并承担建设期间的风险。

（2）项目竣工后，按BT合同，投资方将完工验收合格的项目移交给政府，政府按约定总价（或计量总价加上合理回报）按比例分期偿还投资方的融资和建设费用。

（3）政府在BT投资全过程中行使监管权利，保证BT投资项目的顺利融资、建设和移交。

（4）投资方是否具有与项目规模相适应的实力，是BT项目能否顺利建设和移交的关键。

二、运作过程

（1）项目的确定阶段：政府对项目立项，完成项目建设书、可行性研究、筹划报批等工作。

（2）项目的前期准备阶段：政府确定融资模式、贷款金额的时间及数量上的要求、偿还资金的计划安排等工作。

（3）项目的合同确定阶段：政府确定投资方，谈判商定双方的权利与义务等工作。

（4）项目的建设阶段：参与各方按BT合同要求，行使权利，履行义务。

（5）项目的移交阶段：竣工验收合格、合同期满，投资方有偿移交给政府，政府按约定总价，按比例分期偿还投资方的融资和建设费用。

三、BT模式主体

（1）项目业主。项目业主是指项目所在国政府及所属部门指定的机构或公司，也称项目发起人。项目业主负责对项目的项目建设特许权的招标。在项目融资建设期间，业主在法律上不拥有项目，而是通过给予项目一定数额的从属性贷款或贷款担保作为项目建设、开发和融资的支持。在项目建设完成和移交后，将拥有项目的所有权和经营权。

（2）BT投资建设方。BT方通过投标方式从项目所在国政府获得项目建设的特许权。负责提供项目建设所需的资金、技术，安排融资和组织项目的建设，并承担相应的项目风险。通过招投标方式产生相应的设计单位、施工单位、监理单位和设备、原材料供应商等。

（3）贷款银行或其他相关单位。融资渠道在BT模式中扮演很重要的角色，项目的融资渠道一般是投资方自有资产、银团贷款、政府政策性贷款等。而贷款的条件一般取决于项目本身的经济效益，BT方的管理能力和资金状况，以及政府为项目投资方提供的优惠政策。

四、BT模式特点

（1）BT模式仅适用于政府基础设施非经营性项目建设。

（2）政府利用的资金是非政府资金，是通过投资方融资的资金，融资的资金可以是银行的，也可以是其他金融机构或私有的，可以是外资的也可以是国内的。

（3）BT模式仅是一种新的投资融资模式，BT模式的重点是B阶段。

（4）投资方在移交时不存在投资方在建成后进行经营，获取经营收入。

（5）政府按比例分期向投资方支付合同的约定总价。

（6）有利于缓解政府资金压力，转变政府职能；有利于降低管理成本和提高管理效率；有利于降低项目建设成本，促使项目配置最优化。

五、BT模式风险

（1）风险较大，例如政治风险、自然风险、社会风险、技术风险；需增强风险管理的能力，最大的风险还是政府的债务偿还是否按合同约定。

（2）安全合理利润及约定总价的确定比较困难。

（3）做好项目法人责任制，对项目资金筹措、建设实施、资产保值增值实行全过程负责的制度。加强项目的建设管理，合理降低工程造价，降低工程成本，降低融资成本，获取较大的利息差收入。

（4）适当的利润率（大于资金的综合水平）水平和资金的有限监管投入与增值退出，便是合理令人满意的水平，最大的安全保障就是最大的效率。

5.1.3 BOT模式

BOT（Build-Operate-Transfer）模式即“建设—经营—转让”的简称，实质上是基础设施投资、建设和经营的一种方式，以政府和私人机构之间达成协议为前提，由政府向私人机构颁布特许，允许其在一定时期内筹集资金建设某一基础设施并管理和经营该设施及其相应的产品与服务。

一、BOT模式简介

项目发起人与服务商签订特许权协议，特许服务商承担工程投资、建设、经营与维护，在协议规定的期限内，通过对项目的开发运营以及当地政府给予的其他优惠来回收资金以还贷，并取得合理的利润。特许期结束，服务商将固定资产无偿移交给政府。

（1）项目发起方成立项目专设公司（项目公司），专设公司同东道国政府或有关政府部门达成项目特许协议。

（2）项目公司与建设承包商签署建设合同，并得到建筑商和设备供应商的保险公司的担保。专设公司与项目运营承包商签署项目经营协议。

（3）项目公司与商业银行签订贷款协议或与出口信贷银行签订买方信贷协议。

（4）进入经营阶段后，项目公司把项目收入转移给一个担保信托。担保信托再把这部分收入用于偿还银行贷款。

二、BOT模式特点

当代资本主义国家在市场经济的基础之上引入了强有力的国家干预。同时经济学在理论上也肯定了“看得见的手”的作用，市场经济逐渐演变成市场和计划相结合的混合经济。BOT恰恰具有这种市场机制和政府干预相结合的混合经济的特色。

一方面，BOT能够保持市场机制发挥作用。BOT项目的大部分经济行为都在市场上进行，政府以招标方式确定项目公司的做法本身也包含了竞争机制。作为可靠的市场主体的私人机构是BOT模式的行为主体，在特许期内对所建工程项目具有完备的产权。这样，承担BOT项目的私人机构在BOT项目的实施过程中的行为完全符合经济人假设。

另一方面，BOT为政府干预提供了有效的途径，这就是和私人机构达成的有关BOT的协议。尽管BOT协议的执行全部由项目公司负责，但政府自始至终都拥有对该项目的控制权。在立项、招标、谈判三个阶段，政府的意愿起着决定性的作用。在履约阶段，政府又具有监督检查的权力，项目经营中价格的制订也受到政府的约束，政府还可以通过通用的BOT法来约束BOT项目公司的行为。

三、BOT模式的优点

（1）降低政府的财政负担。

（2）政府可以避免大量的项目风险。

（3）组织机构简单，政府部门和私人企业协调容易。

（4）项目回报率明确，严格按照中标价实施。政府和私人企业之间的利益纠纷少。

（5）有利于提高项目的运作效率。

（6）BOT项目通常由外国的公司来承包，这样会给项目所在国带来先进的技术和管理经验，即给本国的承包商带来较多的发展机会，也会促进国际经济的融合。

（7）可利用私人企业投资，减少政府公共借款和直接投资，缓和政府财政负担；有利于减少或避免政府投资可能带来的风险；有利于提高项目的运作效益；组织机构简单，政府部门和私人企业协调容易。

四、BOT模式的缺点

（1）公共部门和私人企业往往都需要经过一个长期的调查了解、谈判和磋商过程，以至项目前期过长，使投标费用过高。

（2）投资方和贷款人风险过大，没有退路，使融资举步维艰。

（3）参与项目各方存在某些利益冲突，对融资造成障碍。

（4）机制不灵活，降低私人企业引进先进技术和管理经验的积极性。

（5）在特许期内，政府对项目减弱甚至失去控制权。

（6）在BOT项目较长的特许期中，供求关系变化与价格变化带来的市场风险；项目进行过程中由于制度上的细节问题安排不当带来的技术风险；由于汇率、利率和通货膨胀的预期外变化带来的金融风险；项目需要承担的地震、火灾、暴雨等不可抗拒的外力风险等。

5.1.4 PPP模式

公私合营模式（Public Private Partnership，PPP），是指政府部门与社会投资者之间建立合作伙伴关系来提供基础设施、社会公共设施的建设和相关服务的一种方式。PPP模式是指政府部门吸收社会资本加入，共同将资金或资源投入项目，由社会投资者建设并运营该项目，并按合同比例共同获得收益的商业模式，但其运营时间有一定期限。此类商业模式适用于大型基础设施建设与社会公共设施建设和相关服务。

一、PPP模式简介

对于涉及公共基础设施的综合能源服务项目，政府通过招投标选定资本投资人，尤其是对于资金需求量大的项目，可以重点考虑发挥银行贷款及政策性银行的支持性作用，吸引银行资本与社会资本共同参与，建立良好的投融资环境；由政府部门与选定的资本投资人签署合资协议、公司章程，组建设立项目公司；由项目公司负责按照合同约定开展项目后续一系列的开发建设具体工作，包括设计、投融资、建设、运营等；在项目运营过程中，作为承担监管职责的政府部门，对经营全过程进行监管，包括对价格监管和质量监管等，以及设定相应的执行制度。资本投资人除了可以获得项目经营的直接收益外，还可获得通过政府扶持所转化的效益。广义PPP可以分为外包、特许经营和私有化三大类。

1. 外包类

PPP项目一般是由政府投资，私人部门承包整个项目中的一项或几项职能，例如只负责工程建设，或者受政府之托代为管理维护设施或提供部分公共服务，并通过政府付费实现收益。在外包类PPP项目中，私人部门承担的风险相对较小。

2. 特许经营类

项目需要私人参与部分或全部投资，并通过一定的合作机制与公共部门分担项目风险、共享项目收益。根据项目的实际收益情况，公共部门可能会向特许经营公司收取一定的特许经营费或给予一定的补偿，这就需要公共部门协调好私人部门的利润和项目的公益性两者之间的平衡关系，因而特许经营类项目能否成功在很大程度上取决于政府相关部门的管理水平。通过建立有效的监管机制，特许经营类项目能充分发挥双方各自的优势，节约整个项目的建设和经营成本，同时还能提高公共服务的质量。项目的资产最终归公共部门保留，因此一般存在使用权和所有权的移交过程，即合同结束后要求私人部门将项目的使用权或所有权移交给公共部门。

3. 私有化类

PPP项目则需要私人部门负责项目的全部投资，在政府的监管下，通过向用户收费收回投资实现利润。由于私有化类PPP项目的所有权永久归私人拥有，并且不具备有限追索的特性，因此私人部门在这类PPP项目中承担的风险最大。

二、PPP模式优点

（1）消除费用的超支。在初始阶段私人企业与政府共同参与项目的识别、可行性研究、设施和融资等项目建设过程，保证了项目在技术和经济上的可行性，缩短前期工作周期，使项目费用降低。PPP模式只有当项目已经完成并得到政府批准使用后，私营部门才能开始获得收益，因此PPP模式有利于提高效率和降低工程造价，能够消除项目完工风险和资金风险。研究表明，与传统的融资模式相比，PPP项目平均为政府部门节约17%的费用，并且建设工期都能按时完成。

（2）有利于转换政府职能，减轻财政负担。政府可以从繁重的事务中脱身出来，从过去的基础设施公共服务的提供者变成一个监管的角色，从而保证质量，也可以在财政预算方面减轻政府压力。

（3）促进了投资主体的多元化。利用私营部门来提供资产和服务能为政府部门提供更多的资金和技能，促进了投融资体制改革。同时，私营部门参与项目还能推动在项目设计、施工、设施管理过程等方面的革新，提高办事效率，传播最佳管理理念和经验。

（4）政府部门和民间部门可以取长补短，发挥政府公共机构和民营机构各自的优势，弥补对方身上的不足。双方可以形成互利的长期目标，可以以最有效的成本为公众提供高质量的服务。

（5）使项目参与各方整合组成战略联盟，对协调各方不同的利益目标起关键作用。

（6）风险分配合理。与BOT等模式不同，PPP在项目初期就可以实现风险分配，同时由于政府分担一部分风险，使风险分配更合理，减少了承建商与投资商风险，从而降低了融资难度，提高了项目融资成功的可能性。政府在分担风险的同时也拥有一定的控制权。

（7）应用范围广泛，该模式突破了引入私人企业参与公共基础设施项目组织机构的多种限制，可适用于城市供热等各类市政公用事业及道路、铁路、机场、医院、学校等。

三、PPP模式的风险

政府与社会资本的信用风险；政府领导人变化等引起的政治风险；法律与监管体系不完善引起的政策法律风险；汇率、利率和通货膨胀的预期外变化带来的金融风险；建设风险；各主体合作存在的合作风险；市场与运营风险等。

四、PPP模式的发展方式

政府部门或地方政府通过政府采购形式与中标单位组成的特殊目的公司签订特许合同(特殊目的公司一般由中标的建筑公司、服务经营公司或对项目进行投资的第三方组成的股份有限公司)，由特殊目的公司负责筹资、建设及经营。政府通常与提供贷款的金融机构达成一个直接协议，这个协议不是对项目进行担保的协议，而是一个向借贷机构承诺将按与特殊目的公司签订的合同支付有关费用的协定，这个协议使特殊目的公司能比较顺利地获得金融机构的贷款。采用这种融资形式的实质是：政府通过给予私营公司长期的特许经营权和收益权来换取基础设施加快建设及有效运营，促进中国基础设施建设项目的民营化。在中国基础设施建设领域引入PPP模式，具有极其重要的现实价值。中国政府也开始认识到这些重要价值，并为PPP模式在中国的发展提供了一定的国家政策层面的支持和法律法规层面的支持。

5.1.5 DBFO模式

设计—建造—融资—运营（Design-Build-Finance-Operate，DBFO）是PPP的一种典型模式。在该模式下，政府制定公共服务的标准，私人部门据此设计、建造相应的设施来提供服务，并负责融资和运营。与此同时，政府作为服务的主要购买者，向私人部门支付使用费。运营期满，有关设施移交政府部门管理。可以看出，在DBFO模式下，私人部门在设计、建造、融资、运营、维护等各个阶段都发挥着重要作用。

DBFO模式适用于供应商对基础设施/社会公共设施(如学校、医院、道路、桥梁和港口)进行电能替代设计、建设、融资和运作/维护，并在一定期限内获得运行和维护收入。DBFO商业模式优势是供应商和政府部门共同承担项目风险，其商业模式的创新点在于其对私募融资的使用，以及设计/施工阶段与电能替代运作/维护阶段的捆绑。这就鼓励供应商以更节能高效的方式来设计和建设基础设施等。供应商除了要按预算来建设资产，在一定时期内还要高效地运作和维护这些资产，并且按合同比例获得收益，通常这个期限为30~35年。

DBFO模式的优势在于：就责任和接触点而言，政府部门只面向单一对象，即DBFO特许经营项目公司，便于监管和控制；具有透明和相对简单的结构；便于工程采购的组织和实施；有较多的市场先例可供参考。

DBFO模式的风险与PPP模式类似，包括信用风险、政治风险、政策法律风险、金融风险、建设风险、合作风险、市场与运营风险等。

5.1.6 B2B模式

B2B（Business to Business）是企业与企业之间通过互联网进行产品、服务及信息的交换。电网公司与节能设备制造商、节能服务公司、售电商、工业园区的能源服务商之间的交互均可采用B2B模式。通过构建一个“开放、共享”的电能替代服务平台，实现角色与角色之间的交互，形成能源互联网意义下的B2B模式。B2B模式示意如图5-1所示。

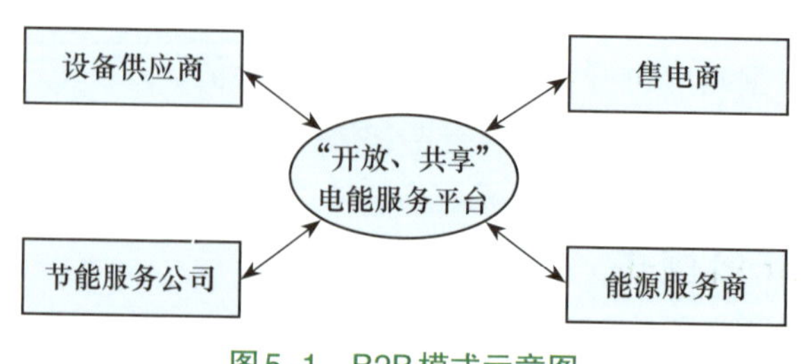

图5-1　B2B模式示意图

B2B模式优势在于：降低采购成本；降低库存成本；降低各市场主体之间的运作交易成本；促进各市场主体的信息交流；改善信息管理与决策水平；扩大市场机会。

B2B模式的风险在于：B2B市场准入门槛较低引起的准入标准管理风险；交易管理和手段不完善带来的交易流程管理风险；网络运营中存在的网络技术安全风险；各地区电子商务政策存在差异引起的政策法律风险；交易双方信任缺失引起的信用风险。

5.1.7 B2C模式

B2C（Business to Customer）是电子商务的一种模式，也就是通常说的直接面向消费者销售产品和服务商业零售模式。这种形式的电子商务一般以网络零售业为主，主要借助于互联网开展在线销售活动。

电网公司或节能服务公司与用户之间的交互可采用B2C的商业模式。电网公司或节能服务公司与居民用户、工业用户、商业用户的交互主要在于卖电，及卖服务（能源服务、技术服务）。通过服务平台，让企业与用户共同参与，开展能源互联网意义下的B2C模式，B2C模式示意如图5-2所示。

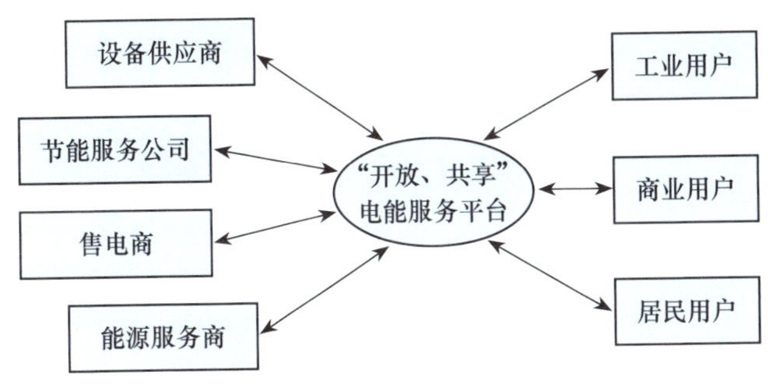

图5-2　B2C模式示意图

B2C模式的优势在于：能够有效地减少交易环节，大幅度降低交易成本，从而降低用户获得产品的成本；减少了售后服务的技术支持费用；可提供个性化服务。

B2C模式的风险与B2B模式类似，包括准入标准管理风险、交易流程管理风险、网络技术安全风险、政策法律风险、信用风险等。

5.2 综合能源服务商业运营模式

随着能源互联网技术，分布式发电供能技术，能源系统监视、控制和管理技术，以及新的能源交易方式的快速发展和广泛应用，综合能源服务（集成的供电、供气、供暖、供冷、供氢、电气化交通等能源系统）近年来在全球迅速发展，引发了能源系统的深刻变革，成为各国及各企业新的战略竞争和合作的焦点。国内企业也纷纷掀起了向综合能源服务转型的热潮。因此，国外综合能源服务的发展如何，又有哪些商业模式值得借鉴显得尤为重要。

5.2.1 能源互联网下的综合能源服务模式

综合能源服务的基本业务模式可从供能侧和用能侧出发，通过能源输送网络、信息物理系统、综合能源管理平台以及信息和增值服务，实现能源流、信息流、价值流的交换与互动。理想盈利模式中，除了产业链和业务链的构建之外，其盈利主要来源于四个方面：①潜在的收益来源，包括土地增值和能源采购，这种模式主要应用于园区。土地增值方面，主要体现在入驻率上升、开工率上升和环境改善。能源采购方面，主要体现在园区用能增加，电力、燃气以及LNG的议价能力提高。②核心服务，包括能源服务和套餐设计，能源服务方面主要体现在集中售电、热、水、气等能源，节约成本。而套餐设计方面主要体现在综合包、单项包、应急包和响应包。③基础服务，即能源生产，包括发电和虚拟电厂，发电方面主要体现在清洁能源发电和可再生能源发电，若自用电比例越高，收益越好，而虚拟电厂方面主要体现在储能、节能、跨用户交易和需求侧响应。④增值服务，包括工程服务和资产服务，工程服务方面主要体现在实施平台化和运营本地化，而资产服务体现在设备租赁、EMC（合同能源管理）和碳资产。整个综合能源服务可看作是一种能源托管模式。在电力市场放开后，未来相关电力企业比拼的不仅仅是发配售输电，更应该比拼全方位、综合性的能源服务。总结主要有以下几种商业模式。

一、配售一体化模式

在国外有许多配电网都是由私人进行投资和建设，例如法国、德国等欧洲国家，特别是德国，由于20世纪90年代末私有化浪潮，大部分配电网资产都落在了私人手中。之后随着售电市场的开放，诞生了许多拥有配电网资产的配售一体化售电公司，这样的售电公司相对其他售电公司最大的区别在于，公司不仅可以从售电业务中获得收益，同时还可以从配电网业务中获得配电收益。

在公司配电网运营的范围内，用电客户如果直接与配售电公司签订用电合同，公司除了需要向输电网运营商支付输电费，剩下的收入都将归公司所有，去除购电成本与配电网投资及运营成本外，公司将同时获得配电利润以及售电利润；如果用电客户与其他售电公司签订用电合同，那么公司只能收取配电费，也就只能获得配电利润。无论是哪种情况，配售一体化售电公司都能保证有利润来源，这是公司能持续经营以及发展的保障。并且一般作为配售电公司，由于拥有配电资源，更容易在售电市场上占据先机，成为保底售电公司，也就为公司获得更多用电客户打下了坚实的基础，同时还可以积极利用配电网资源开展售电增值服务，如合同能源管理、需求侧响应，并且还可利用客户资源参与电力辅助市场。

但是这种模式的售电公司同时要有更大的投入也承担着更大的风险。首先需要投入更多的资金建设或改造配电网，日常的运行和维护工作也需要专业人员和先进的管理技术。例如可再生能源的发展将势必给配电网的规划方案带来很大的影响，特别是分布式可再生能源发电设备绝大多数都接入配电网，配电网面临着扩建和改造，此时配售电公司不得不投入更多的资金。其次是政策风险，如输配电价的核定办法存在变动的可能，这使得配售一体化公司的收入不确定性增加，从而可能提高公司投资项目再融资的难度。

二、供销合作社模式

供销合作社模式的售电公司是将发电与售电相结合，合作社社员拥有发电资源，通过供销合作的方式将电力直接销售给其他社员，同时售电公司获得的售电收入中的一部分将继续投入建设发电厂，以此达成发售双方共赢的局面。

采取供销合作社模式的售电公司最大的优势在于可以获得优质的发电资源，特别针对那些分布式可再生发电站，通过集合分布式发电站，组建一个销售纯绿色电力的售电公司，一方面吸引具有环保意识的人士或是有碳排放限额的公司购电，另一方面由于售电公司取得的一部分收益将投资或是分配给发电站，发电站运营商也就更愿意加入这种供销合作社模式的售电公司，售电公司的购电成本也就能相对减少。

国外已经出现了不少这样模式的售电公司，其中最出名的就是法国的Enercoop，2005年该公司由国际绿色和平组织和其他一些环境保护组织组建，公司销售的所有电力全部来自于可再生能源，至2016年已有4000多客户，年售电量达120亿千瓦时。在购电方面，售电公司承诺将57%的利润返还给可再生能源发电商，支持可再生能源的发展。

但是供销合作社模式的售电公司也存在相应的风险，选择投资哪些发电站将在很大程度上影响公司的效益，售电公司必须有相应的风险管控及合适的投资策略。例如德国一家地区性售电公司选择投资联合循环热电联产厂，然而由于电力批发市场电价持续走低，此类型的发电厂发电成本相对较高，无法降低售电公司的购电成本，公司也就无法从中获利。

三、综合能源服务模式

国外一些售电公司在开展售电业务的同时，也对该地区开展其他能源甚至公共交通、设施等服务，也就是城市综合能源公司。这类公司一般都提供供电与供气服务，客户可以与公司单独签订用电或是用气合同，公司也会提供综合能源套餐。相对于单独签订合同，同时与公司签订供电与供气合同能够得到更多的优惠，这也是这类公司吸引及留住客户的重要手段。此外有一些地区性综合能源公司还提供供热、供水、公共交通等服务，让客户可以享受多方位的能源服务。

德国最大的城市综合能源服务公司位于慕尼黑，公司主要为慕尼黑及周边地区的居民和工商业用户提供供电和供气服务，其中提供给居民的供电套餐就有7种，例如固定电价套餐、绿色电力套餐、网络电力套餐等。此外公司还提供供热、供水、公共交通以及租车服务，还推出了电动车充电服务，对于公司现有客户可以免费使用充电桩，当然其他电动车用户也可以使用充电桩，但是每次充电必须缴纳9.9欧元的充电桩使用费。公司通过捆绑销售这种方式吸引更多的客户，提高客户忠诚度，利润来源也更多样化。

这样的地区性综合能源服务公司，除了提供供电、供气服务外，往往需要经营其他一些利润很少甚至是没有利润的公共基础服务，如市内公共交通，这样将加剧此类公司的财务负担，因此导致国外一些地区性综合能源服务公司陷入财政困境，甚至濒临破产。

四、售电折扣模式

为了更好地吸引客户，售电折扣商不仅提供较低的基本电费，还针对新用户提供诱人的折扣。许多新加入的工商业用户能够通过这类套餐在初期显著降低用电成本，而居民用户更是通过返现和折扣有可能在第一年减少20%

的电费支出。对于部分用户甚至可以采取预交电费提供更低折扣的方式。

售电折扣商的主要风险是流动性风险。售电公司是电力大规模生产和小规模销售之间的纽带，必须同时参与电力批发和零售市场。然而这两种市场的电力结算方式与结算时间相差巨大，如果售电公司没有处理好这些时间差，很有可能因为缺乏流动性而对自身的经营造成巨大的影响。

售电折扣商在初期的低价策略之后，必须要通过转型来获得长久的发展。在通过低价电力获取市场份额，站稳脚跟之后，多样化的定价方式与服务才是这类售电公司成功的关键。

五、虚拟电厂包月售电模式

大范围虚拟电厂建立的基础在于拥有众多分布式可再生能源发电设备的控制权，分布式储能设备等一系列灵活性设备，可再生能源的市场化销售机制和一套精准的软件算法。基于此类虚拟电厂的电力共享池系统提供了更加新型的售电模式。

在该模式下，加入电力共享池的终端用户能够便捷的互相交易电力，通过各自的分布式储能设备最大化地使用分布式可再生能源的电力，减少外购电，从而显著减低用电成本。在德国，已经有几个此类分布式能源社区在运营。

德国曼海姆的Begy公司的电价包月套餐是德国能源互联网应用的优秀案例。这是德国第一家推出电价包月套餐的售电公司，用户只需要每个月支付一定额度的电费就能在一个比较大的范围内自由用电。在与客户签订Beg LIVE套餐后，公司会帮助客户安装屋顶光伏设备、家用储能设备和电力监控设备，通过将地区内分散的用户和集中式的电力生产设备相连，利用IT专业建模软件以及内建的智能软件优化算法调配各家屋顶光伏设备所发电力的消费、剩余发电量的购买和各个储能设备的充放策略，最终在最经济条件下实现电力生产和消费在一定范围内的平衡。这是一种利用虚拟电厂技术的商业模式创新，用户通过包月套餐节省电费，而且用上了清洁的电力。作为售电公司，该公司并不准备通过售电服务获取利润，而是通过设备的销售取得盈利。

总体来说，基于虚拟电厂的共享电力模式对设备、通信、计量、算法的要求都十分高，而且必须建立在一定的用户基础上。目前电力大数据分析、机器学习算法等技术都在其中有着很好的应用。在该模式下一旦形成电力共享的闭环，新增用户将会给系统带来更多的稳定性和安全性，这种模式也有着巨大的生命力和发展空间。

六、"配售一体化+能源综合服务"模式

在售电侧和配电网同时放开的情况下，同时拥有配售电业务，并且能为园区内电力用户提供增值能源服务的公司将深度受益。一方面，负责园区售电业务可以直接从市场化的协议购电或集中竞价交易中获取发电侧和购电侧之间的价差利润，同时还可获得园区内各电力用户的电力需求数据，是用户数据的第一入口。更为重要的是，以用电数据为基础，为用户提供能效监控、运维托管、抢修检修和节能改造等综合用电服务可以有效提高用户的用电质量，并增强客户黏性，同时从盈利能力更强的服务类业务中获得更多利润。

七、互联网售电服务模式

为了降低交易成本，提升竞争力，成熟的电力市场都有比价网站，供用户选择套餐及更换售电商服务。采用这种模式有个前提就是要有很多家售电公司，并且每家公司售电价格有所不同。这些比价网站向用户提供的所有服务都是免费的，盈利主要来自于有商业合作的售电公司/商家所支付的佣金（合作模式：用户通过比价网更换售电公司/商家，若该售电公司/商家是与网站有合作关系的，则按照协议支付一定佣金），目标客户群为互联网用户。这种模式在英国比较常见。英国电力监管机构Ofgem认证授权的比价网站总共有12家，其业务范围包括电力、天然气、固定电话、宽带、保险、贷款等，独立于任何售电企业。他们对用户的个人信息以及相关数据绝对保密，不会以任何形式出售，而且比价过程简单迅速，只需输入所在地区邮编即可，比价的排名结果是绝对公平不会受任何影响，可以向用户提供常见问题解答。

5.2.2 综合能源服务在国内的战略推广

我国政府高度重视能源互联网的发展，近年来国家在"互联网+"智慧能源、可再生能源等方面相继出台了一系列政策，明确了未来我国能源的发展方向。

2016年2月24日，国家发改委、能源局、工信部印发《关于推进"互联网+"智慧能源发展的指导意见》，意见指出，在全球新一轮科技革命和产业变革中，互联网理念、先进信息技术与能源产业深度融合，正在推动能源互联网新技术、新模式和新业态的兴起。国家发改委、国家能源局联合印发的《关于推进多能互补集成优化示范工程建设的实施意见》（发改能源〔2016〕

1430号）中指出：建设多能互补集成优化示范工程是构建“互联网+”智慧能源系统的重要任务之一，有利于提高能源供需协调能力，推动能源清洁生产和就近消纳，减少弃风、弃光、弃水、限电，促进可再生能源消纳，是提高能源系统综合效率的重要抓手，对于建设清洁低碳、安全高效现代能源体系具有重要的现实意义和深远的战略意义。国家发展改革委印发的《可再生能源发展“十三五”规划》(发改能源〔2016〕2619号）指出，“可再生能源是能源供应体系的重要组成部分，是我国推进能源生产和消费革命、推动能源转型的重要措施。”它要求“加快推动可再生能源分布式应用，大幅增加可再生能源在能源生产和消费中的比重，加速对化石能源的替代，在规模化发展中加速技术进步和产业升级，促进可再生能源布局优化和提质增效，加快推动我国能源体系向清洁低碳模式转变。”

综合能源服务战略推广对城市能源变革具有如下重要意义。

（1）探索区域能源变革新路径的需要。

园区是世界经济中颇具特色的产业经济组织形式，能够形成和发挥规模经济和范围经济效应，同时能够产生强大的溢出效应，带动区域、城市乃至国家经济的发展。园区能源消费集中，对能源价格、品质和服务均有着较高要求，具有内生的能源变革动力。

（2）提升区域发展竞争力的需要。

能源变革是提升综合竞争力的关键着力点。深入推进智慧能源变革，将能够优化能源消费结构，进一步改善区域生态环境，降低能源消费成本，通过物联网、线上业务、数据挖掘等手段持续提升用户用能服务水平，实现驻园区企业和居民的能源服务感知水平的全面提升，从而有效提升园区的综合竞争力。

（3）推动区域能源产业结构优化的需要。

能源变革是区域发展适应和引领经济新常态的重要突破口。能源作为资金密集型、技术密集型、人才密集型、产业集聚型、创新驱动型的基础设施、先导产业和战略性新兴产业，与综合能源示范区整体规划的发展定位高度协同，对综合能源示范区乃至整个城市加快转变经济发展方式，推动产业结构战略性调整，形成以战略性新兴产业为先导、先进研发产业和现代服务业为主体的现代产业体系作用巨大。

5.3 综合能源服务管理过程

综合能源服务管理主要是建设一个多能互补能源优化集成系统，业务方面涵盖了咨询、设计、系统集成、工程、运维等，如果集团公司有产业基础，就可以在区域能源互联网形成整体协同优势，拉动集团产业的发展。服务平台是指智慧能源管控系统，包含底层的SCADA（Lonworks）、需求侧响应、能源管理、能效管理、调度系统、负荷模拟、系统仿真以及上层的大数据、云计算平台等，建议企业可以根据实际业务、用户的需求以及政策的条件限制逐步地展开建设。

5.3.1 综合能源服务建设

一、建设目标

综合能源的建设目标是整合园区核心能源系统各项关键信息，依托园区能源数据汇聚应用大数据、人工智能等技术，深入挖掘园区及用户能源画像、属性、占比、布局、结构、地区等各方面的多维度发展情况和未来趋势，对服务城市环保、工商业活动等进行态势分析，对人口分布、消费结构、交通、产业聚集等进行全面研究，构建综合能源管控服务系统，降低资源消耗水平，提高城市运行效率，为园区建设、规划布局、优化调整进行辅助决策，促进城市发展网络化共享、集约化整合、协作化开发和高效化利用，推动区域可持续发展。

综合能源管控服务系统面向园区综合供能、用能、能源管理、能量控制等环节，通过信息能量深度耦合以及分布式能源系统的广泛集成，为园区发展提供多方面的辅助决策分析。体系将结合园区当地能源现状，引入能源低碳高效利用技术、能源数据智能聚合技术、区域能源供给网络多空间尺度无中心协同控制技术、无中心网络管理技术、分布/并行计算技术等新型技术，进行能源生产、传输、消费、管控等全过程管理应用，实现多种形式能源的高效生产、灵活控制以及智能化利用，全面反映园区能源应用状况，提高园区能源供需协调能力。面向园区能源的能量管控、能源优化、商业运营等环节，基于多维度、全面化监测分析的城市能源数据，形成一个全面感知、交叉互联、智能判断、及时响应、融合应用的深度耦合、广泛集成的园区综合能源网络。综合能源管控体系如图

5-3所示。

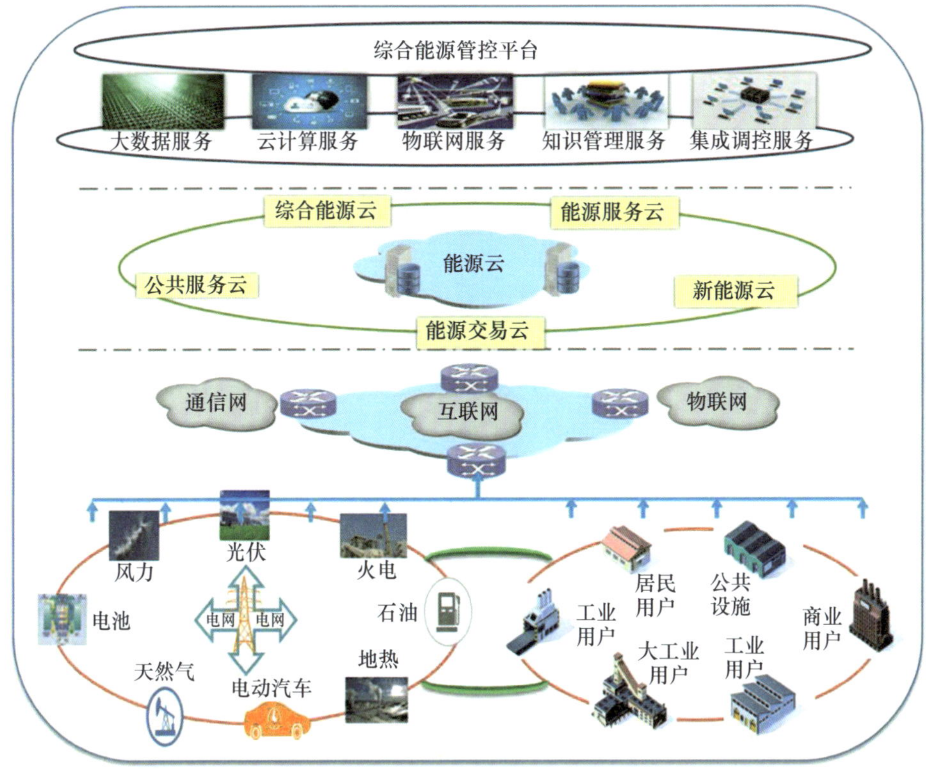

图5-3　综合能源管控体系

二、建设原则

为确保有效支撑园区智慧能源综合运营体系的业务运行，综合能源管控体系的建设遵循以下基本原则。

1. 以客户效益为中心

园区用户侧用能服务和运营体系建设应立足于园区用户的用能需求和服务体验，为园区用户提供标准化、规范化和现代化的综合能源供应服务，提升客户用能效益，做客户真正的能源管家。

2. 注重实用性、具有前瞻性

坚持满足近期需求和实现远期目标相结合，既要体现前瞻性，又必须有较强的现实指导性。园区用户侧用能服务和运营体系既要立足现状，促进综合能源服务工作的标准化、规范化和现代化，又要结合坚强能源互联网络的建设和发展需求，适时推广应用先进技术和设备，支撑优质服务的提供。

3. 业务清晰，流程细化

智慧能源综合运营体系清晰定义具体业务服务内容，保证综合能源服务工作的顺利开展。细化各项业务服务流程节点，采用流程化设计，保证各业务运行独立性的同时，也为未来扩展升级留下空间。

4. 统一规划、分步实施

建议按照“统一规划、分步实施”的原则，根据业务服务需求的紧迫程度对体系进行分阶段逐步建设，既要满足当前能源服务需求，又要满足未来业务和功能扩展的需要。

三、建设流程

综合能源服务的建设流程从售电业务延伸到综合能源服务业务，考虑到后续业务持续发展对核心能力建设的要求，建议在技术体系构建、业务路径设计、项目系统集成和关键技术掌握等方面，阶段性地逐步进行完善。

1. 业务阶段

综合能源服务业务可分为三个阶段：第一阶段主要以市场拓展和风险控制为主，市场拓展主要是业务规模扩大，风险控制主要是政策把握和价格策略；第二阶段主要以综合能源和综合服务为主，综合能源主要是发展能源技术，满足用户刚性需求，而综合服务主要是发展信息技术，挖掘用户潜在需求；第三阶段主要以智慧能源和“互联网+”为主，智慧能源主要是商业模式要创新，盈利空间要放大，而“互联网+”主要是规模复制，快速拓展。在这三个阶段中，第一个阶段体现了价值流，第二个阶段是能源流，第三个阶段是信息流，但整个过程中，业务整合是关键。

综合能源服务业务架构可大致分为四个部分：用户服务、市场交易、生产运营和业务支撑。用户服务包括营销结算和咨询培训；市场交易包括能源购入和能源销售；生产运营包括运行调度和经营管理；业务支撑包括信息平台和能源系统。

2. 技术体系

技术体系包括能源技术体系和信息技术体系。能源技术体系包括分布式发储(供能)系统、分布式用能系统以及智能电网、智能气网和智能热网，以及综合能源服务平台。不同能源及网络之间，供、配、用三个环节存在耦合关系；同时，分布式发储系统和分布式用能系统存在逐步融合的趋势。在信息技术体系中，通过感知层、通信层、数据层和决策层的相关联系，支撑着数据获取、生产经营和业务支持三个环节。将获取的供能、用能等数据，结合政策、价格等数据，利用数据整合形成大数据库，采用数据挖掘、预测分析等手段开展商业拓展。目前数据挖掘仍存在以下问题：包括数据可靠性、多样性、一致性等问题，通过数据挖掘实现数据增值的业务模式还多在探索阶段。

3. 业务设计

在综合能源服务实施过程中，需考虑以下几个因素：首先是地区，优选政策环境、能源和经济结构较好的地区；其次是用户主体，优选规模和需求较大、产业有前景的用户，如园区大用户，包括工业园区、产业园区和CBD。整个产业发展路径是从单项能源技术到综合能源集成技术，从信息化技术到"互联网+"技术，形成一个区域级的能源互联网，最后再整合到智慧城市的业务体系中。

4. 方案设计

对于单个具体项目，需要进行业务场景设计，从规划设计阶段即充分考虑政府规划、用户需求、能源政策、财税政策、产业政策等因素，进行系统配置及能源产品价格体系设计，结合商业模式进行技术经济性分析，并根据分析结果对技术路线、配置和运行模式等优化调整。同时，进一步确定燃气、电力、土地等外部实施条件。

区域综合能源服务的技术路线可以分为弱耦合和强耦合两种模式。传统的热电联产，以煤为能源，能源网络中燃气、电、热是独立的，这种模式属于弱耦合；而通过将燃气分布式能源、光伏、热泵、储能、蓄热等供能整合，用户的能源需求与各种能源系统的关联度增强，这种模式属于强耦合。在环境、经济和技术的约束条件越来越强的情况下，可行的技术路线逐渐趋向于强耦合模式，此种模式能源效率较高，但由于存在各种能源系统、供能与用能之间的强耦合，系统较为复杂，需要在充分考虑用户的负荷特性和各类技术的应用条件，在全寿命周期范围内因地制宜进行优化设计。

区域综合能源服务的技术因素主要有规划设计、业务场景构建、业务规则重构以及运营管理。规划设计包括静态负荷测算、能源站和用户选址、配置与接入、能量流模型、可靠性模型和经济性模型；业务场景构建包括能源网络建模、大数据分析、边界条件界定、用户交互；业务规则重构包括交易政策和规则、期现货能源购入、用户能源供应机制；运营管理包括实施负荷预测、运营优化、调度响应。现阶段业务规则重构及运营管理是关键。

四、核心系统

综合能源建设包含很多种能源，按照不同的分类有一次能源和二次能源，可再生能源和不可再生能源，常规能源和新能源等。各种能源的优缺点对比见表5-1。

表5-1　能源对比

能源		优点	缺点
电能	水电	可再生，清洁无污染，发电成本低，综合效益大	受降水的季节变化大，枯水期发电少，电量不稳定，枯水期需火电调节；对位置的要求高
	火电	投资少，建设周期短	对环境污染比较严重
煤炭		分布广，储量大；开发和利用技术难度不大	发热量和燃烧效率不高；输送和使用不如石油方便；易造成环境污染
石油和天然气		便于开采、运输、使用；发热量高；天然气的燃烧会造成的污染较小	石油的燃烧会造成较大污染
太阳能		太阳能无处不在非常普遍，不需要开采和运输；清洁无污染，对环境无害；可以长期持续利用；能量巨大可再生。目前有三大利用：①光——热转换（太阳能热水器）；②光——电转换（太阳能电池）；③光——化学转换（植物的光合作用）	能量不稳定，受地域和季节影响较大
水能		清洁无污染，可再生，发电比较廉价，水利枢纽可以综合利用	能量不稳定（如我国四川水电时有短缺），水利枢纽淹没耕地，需要移民
核能		经济效益高，核原料运输方便、节约，清洁无污染，安全性高，资源丰富，能量密集，地区适应性强	需要较高的科技和充足的资金，存在安全隐患
风能		不需要运输、不需要开采、清洁、无污染、可再生	利用难度大，受地区和季节影响大.多分布在沿海地区和内地地区

续表

能源	优点	缺点
地热能	资源丰富，可直接利用，地热能的利用可分为地热发电和直接利用两大类，（温泉沐浴、医疗）等，我国地热能利用居世界第一	地热能的分布相对来说比较分散，开发难度大，受地理地质条件限定
生物质能	可再生，可直接利用，使用范围广	做燃料利用，会使土壤失去氮、磷、钾等营养成分而导致肥力减退
海洋能	可再生；这些能量以潮汐、波浪、温度差、盐度梯度、海流等形式存在于海洋之中；我国大陆沿岸和海岛附近蕴藏着较丰富的海洋能资源	只分布在沿海地区，并且各种能量涉及的物理过程开发技术及开发利用程度等方面存在很大的差异

根据现阶段能源的利用，综合能源主要考虑综合管廊、光伏电站、燃气分布式能源、储能、汽车充电桩等核心系统的建设。

（一）综合管廊

城市地下综合管廊，是指建于城市地下用于容纳两类及以上城市工程管线的构筑物及附属设施。城市地下综合管廊将给水、排水、电信、电力、燃气、热力等各类市政管线有机综合，集约化的铺设在同一条隧道内，实现对市政管线的集中管理与维护。

1. 综合管廊规划要点分析

（1）综合管廊建设分区。

综合管廊规划建设应根据因地、因时、因势的原则展开，具体建设工作可按新城区、老城区、重要节点3类地区分类开展，并结合轨道建设、道路新建、市政管改造、高压线下地及地下空间开发计划选择合适的时机实施建设。

1）新城区。城市新区综合管廊应与主干道路同步建设，率先进行试点示范，逐步实现新城区综合管廊系统化建设。

2）老城区。老城区综合管廊建设宜结合地下空间开发、旧城改造、道路改造、地下主要管线改造等项目同步进行，逐步建设综合管廊系统。

3）重要节点。城市中心区、商业中心、城市地下空间高密度成片集中开发区、重要广场、高铁站、机场、港口等重大基础设施所在区域，车流、人流密集，不适宜开挖，此类城市重点地区应优先建设综合管廊，避免因经常性的路面开挖所造成的对交通和环境的影响。

（2）综合管廊与其他城市地下工程统一建设。

综合管廊与地铁、地下快速路、人防和地下综合体同期规划、设计与施工，可以极大降低综合管廊的建设成本，减少分别多次施工对邻近建筑物及周围环境的影响，同时可以节约地下空间资源，具有良好的经济、社会和环境效益。

1）结合地铁建设地下综合管廊。对地铁建设项目来说，与综合管廊合建成本会高出一些，但城市轨道交通线路主要沿城市主干路敷设，未来线网基本覆盖城市核心区域，借助轨道交通建设的绝好机遇，同步进行地下综合管廊建设，对政府来说比分别建设的费用节约很多，而且影响会更小，可达到建设成本低、社会干扰小的效果。

2）结合地下综合体建设地下综合管廊。虽然我国城市地下空间开发的规模、速度以及个别单体开发的水平已居世界前列，但大部分建成的地下空间互不连通，彼此独立且功能单一，地上地下协调不够，没有形成统一高效的地下网络。随着经济发展，城市用地日趋紧张，地下空间的开发必须采用立体化建设，以充分利用地下空间和地上空间，节约城市用地。现阶段，我国正在积极修建城市轨道交通工程，以商业或大型综合交通枢纽为中心的地下综合体建设迅速发展，综合管廊建设应结合地下综合体一体化设计，节省地下空间。

3）结合地下道路建设地下综合管廊。地下快速路以大型隧道为主体，综合管廊与大型隧道同规划、同设计、同实施，可以充分利用结构空间，省去综合管廊独立围护结构费用，减少投资；同时两者采光、通风、人员进出结合考虑，布局集中有序，建成后可集约化利用地下空间，对地面环境影响小。

4）结合海绵城市建设地下综合管廊。结合地表透水路面、生物滞留设施、中央景观绿化带等低影响开发设计设施，在综合管廊内设置独立雨水舱、排放舱，通过渗透、滞留、调蓄和净化利用等措施可排放地面雨水。因此，结合海绵城市建设综合管廊可在一定程度上缓解城市内涝，促进城市健康水循环。

5）结合人防工程建设地下综合管廊。

2. 综合管廊设计关键技术

（1）收容管线。给水、电力、通信、中水维修次数多，将其纳入综合管廊经济合理。雨污水管线属于重力流管线，如纳入综合管廊需考虑纵坡的影响，故要处理好标高关系和竖向关系。从城市防灾的角度考虑，把燃气管线纳入综合管廊十分有利，但燃气管线属于易燃易爆管线，因而燃气管线要与高压电力电缆、热力管线设施分开，一般单独设置在一个舱室内。

（2）综合管廊埋深。根据国内外地下空间分层开发经验，市政管线和综合管廊一般布设于地面以下0~15m浅层空间最为合适。按日本规范要求，综合管廊覆土厚度不小于2.5m，内部净空高不小于2.0m，与其他地下构筑物交叉的局部不小于1.5m。国内综合管廊覆土厚度一般为2.4m，净空高2.8m。当综合管廊需横跨立体交叉道路、地铁、中小河流、永久性排水渠道时多数从下方穿越。

3. 综合管廊横断面设计

断面的选择必须依据埋置深度、地形、地貌等地质条件以及施工方法来确定。一般情况下，地处软土、浅埋地层，且采用掘挖式施工时，综合管廊采用矩形断面，根据需要可做成单跨或多跨、单层或多层矩形断面，有利于空间分隔和管线布置。综合管廊基本上以矩形结构形式为主。当覆土厚度大于6~8m，采用暗挖式施工方法，可用拱形或马蹄形。当遇到穿越江河、铁路及一般明挖法施工较困难的情况，有时也采用圆形盾构隧道形式，在圆形断面中进行合理的分隔，敷设各类管线。矩形断面的优点是建设成本低、利用率高、保养维修操作和空间结构分割容易、管线敷设方便；当采用盾构法施工时，亦可考虑矩形盾构隧道。

4. 综合管廊交叉节点设计

交叉节点处理是综合管廊设计及施工的重点，一般是在道路相交口以及间隔一定距离设置出线井，将各种管线进行衔接，以发挥管线网络系统的功能，主要包括综合管廊相交节点、监控中心进出节点和管线进出节点等。出线井的设计需结合地下管线及障碍物的覆土厚度决定出线型式和断面，一般分为立体交叉（见图5-4）和平面交叉两类。

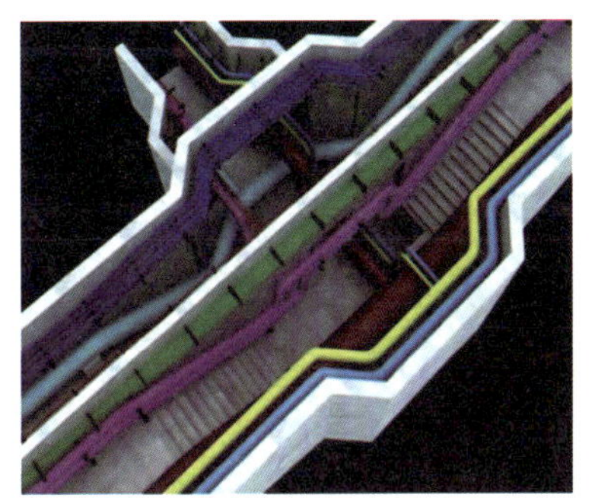

图5-4 综合管廊交叉节点示意图

5. 综合管廊结构抗震设计

综合管廊是城市的生命线工程。由于其收纳了城市供水、供气、电力、通信等多种管线，在地震等灾害的冲击下，可能出现大面积功能性障碍，甚至导致城市系统全面的功能瘫痪，因此必须进行抗震设计。按规范要求，综合管廊应按乙类建筑物进行抗震设计，并应满足国家现行标准的有关规定。

在抗震减灾设计方面，目前主要通过提高结构构造措施来保证综合管廊的抗震性能。为防止地震对综合管廊的破坏，日本采用了先进的管道变形调节技术和橡胶防震系统。1995年1月阪神大地震时，神户市内房屋倒塌、断水断电，但是当地的综合管廊仅有个别地方出现水泥表皮稍许剥落和开裂的现象，整体结构完好。

（二）光伏电站

1. 光伏电站建设过程管理

首先，在项目策划与决策阶段，要对光伏发电项目投资的必要性、可行性进行科学论证和多方案比较，编制项目申请报告及选址规划，获得政府相关支持性文件，对选址进行测量和初步勘察，并进行当地气象资料、电力系统、经济发展情况及当地光伏政策等的资料收集，编制可行性研究报告并进行严格审批；其次，在光伏发电系统建设项目准备阶段，应招标选定设计单位进行项目初步设计，完成EPC总承包招标、评标、定标、合同签订等工作；再次，在光伏电站建设施工阶段，应通过对勘察设计进行重点管理，提高项目的技术水平、可靠性和经济效益，通过采购管理提高项目质量、塑造自身核心竞争力，通过施工管理进行进度控制、费用控制、质量控制和安全管理，保证光伏发电系统的质量和经济效益；最后，在光伏电站工程项目竣工验收阶段，对项目的相关档案资料、质量和造价等进行管理，使其顺利投产运行，为日后维护管理和产生经济效益打下坚实基础。其中工程管理有如下要点：

（1）光伏组件的选择。

光伏组件作为光伏发电系统的核心部件，其各项参数指标的优劣对整个光伏发电系统的发电性能将产生直接影响。目前技术成熟、应用广泛的主要有单晶硅组件、多晶硅组件、非晶硅（薄膜）组件、砷化镓高倍聚光电池等。

单晶硅组件是采用单晶硅片制造的光伏组件，这类光伏组件发展最早，技术也最为成熟。其性能稳定，转换效率高，目前规模化量产的商品电池效率已达16%~18%。多晶硅组件的生产工艺与单晶硅基本相同，但由于生产多晶硅的硅片是由多个不同大小、不同取向的晶粒构成，因而多晶硅的转换效率要比单晶硅电池略低，规模化量产的电池转换率已经达到15%~17%。目前，国内主流组件厂家的单晶硅组件和多晶硅组件的转换效率和价格都趋于同一水平，因此对于同等容量的光伏电站，采用这两种组件无论从造价还是发电量而言，没有什么差别，只是理论上来讲，单晶硅组件在功率衰减、温度效应等方面优于多晶硅组件，但从实际应用方面来看，还需要一个较长时间的实际运行数据予以验证。

非晶硅（薄膜）组件是在不同衬底上附着非晶态硅晶粒制成的，工艺简单，成本低廉，便于大规模生产，其规模化量产的转换效率为5%~8%，并且具有弱光性好、受高温影响小等优点，因此在早期受到人们的普遍重视，得到了快速的发展。但由于材料引发的光致衰减效应，特别是单结的非晶硅光伏组件，稳定性不高。

（2）光伏组件的安装方式。

光伏组件安装方式主要有：固定式、水平单轴跟踪、斜单轴跟踪和双轴跟踪。目前技术最成熟、成本相对最低、应用最广泛的方式为固定式安装。水平单轴跟踪安装方式中水平单轴跟踪的转轴与地面所成角度为0，理论上水平单轴跟踪方式较固定式安装其发电量可提高20%~25%，但其造价也要比固定式的高。斜单轴跟踪安装方式为了综合上述两种方式的优点，在尽可能提高系统发电量的同时，充分保证系统支架稳定性，又应运而生了一种斜单轴跟踪方式，实际上它是固定式和水平单轴的综合体，该方式单轴的转轴与地面所成角度一般小于当地纬度，这样相对于水平单轴跟踪方式，由于单轴的转轴与地面呈一定的倾斜角度，能够更多的提高系统的发电量。双轴跟踪系统，是方位角和俯仰角两个方向都可以运动的跟踪系统，双轴跟踪系统可以最大限度地提高太阳能设备利用太阳能的效率，理论上采用双轴跟踪可提高年均发电量35%~45%。

2. 光伏电站维护

光伏电站合理运行与维护能够保证光伏发电系统的正常运作和延长光伏电站使用寿命，提高经济效益。首先，应保持光伏组件的清洁，对其进行定期检查，发现问题及时调整更换，使光伏建材和光伏构件符合生产需要，防止意外事故发生；其次，对直流汇流箱、直流配电柜进行维护，防止其出现变形、锈蚀、漏水、积灰等现象，使其性能稳定可靠；最后，对控制器、逆变器，交流配电柜及线路等进行维护，对其进行常规保养，对蓄电池进行均衡充电，使其保持正常运作，每年至少一次对数据传输系统中输入数据的传感器灵敏度进行校验，对系统的A/D变换器的精度进行检验。同时，要提高光伏电站维护人员的专业技能和安全意识水平，要求他们在工作之前做好安全准备，断开应断开开关，确保电容、电感放电完全，必要时应穿绝缘鞋，戴低压绝缘手套，使用绝缘工具，工作完毕后应排除系统可能存在的事故隐患。

（三）燃气分布式能源

燃气分布式能源系统工作原理是：燃气通过发电设备先发电，所发电力上网或直供客户使用，发电设备发电过程中产生的余热（高温燃气、缸套水或其他），通过余热利用设备可提供蒸汽、热水、空调冷热水等。发电设备主要有燃气轮机、内燃机、微燃机等，余热利用设备主要有余热型溴化锂吸收式冷温水机组、余热锅炉、换热器等。

从表5–2可以看出，与燃气轮机相比，燃气内燃机的发电效率较高，电热比较大，部分负荷性能较好。因此，当系统对电力需求较多或经常处于低负荷运行时，就应优先采用内燃机。不过，内燃机的排气温度和缸套水温度都比较低，所能输出的热量相对较少；而燃气轮机的排气温度较高且热流量较大。因此，当用户的热需求较大且对热量的要求较高时，燃气轮机便具有较大优势。

表5–2　不同动力天然气分布式能源技术对比

项目	中小型燃气轮机	微型燃气轮机	内燃机	燃料电池
技术状态	商业应用	商用早期	商业应用	研发中
燃料	天然气	天然气	天然气	天然气、氢、丙烷
规模（MW）	0.5~50	0.025~0.25	0.05~5	0.2~2
热回收	热水，低压、高压蒸汽	热水，低压蒸汽	热水，低压蒸汽	热水，低压、高压蒸汽
输出热量（MJ/kW·h）	3.6~12.7	4.2~15.8	1.1~5.3	0.5~3.9
可用热量的温度（℃）	260~593	204~343	93~450	60~1000
发电效率（%）（基于燃料低位发热量）	25~45（简单循环） 40~60（联合循环）	14~30	25~45	40~70
启动时间	10min~1 h	60 s	10 s	3~8 h
NO排放（kg/kW·h）	0.14~0.91	0.18~0.91	0.18~4.5	0.023
占地面积（m^2/kW）	0.002~0.057	0.014~0.139	0.020~0.029	0.056~0.372
噪声	中等 要求机组隔离	中等 要求机组隔离	中等至严重 要求建筑隔离	低 无须隔离

1. 投资项目的经济性分析

冷热电三联供系统投资要从企业的经济利益角度进行综合分析，以保证企业能获得必要的投资回报，因此必须从设施的整个生命周期的投资费用、能源费用、运行管理、设备维修、投资回报等方面做出分析。

（1）设备的投资预算。

项目的设备投资主要在于燃机、吸收式制冷机组和余热锅炉等。燃气轮机需要从国外进口，燃气轮机进口税率按30%计算，如果业主是中外合资企业则可以申请免税。燃气轮机的报价一般包括控制系统和天然气/柴油双燃料系统。燃机生产的电力可以直接与用户380V供电系统连接，并在客户端进行调频调峰，设备现场无须人员值守。吸收式制冷机组的设备报价本身包括辅助燃烧系统、控制系统等，控制系统可以与燃气轮机匹配衔接，实现无人值守。各分布式系统的建设期均考虑在1年内完成，大型的燃气—蒸汽联合循环则考虑在三年内完成，比较符合实际情况。在进行投资运算时，生产期、还贷年限、折旧年限，摊销年限等对各种系统均应相同，以满足可比性。

（2）系统的收益分析。

对于业主而言，系统在建成投产以后主要有两方面的经济收益：即电收益和冷热收益。首先，项目投资的第一项收益是所节约的电费。由于我国商业和非普通工业用电的价格构成比较复杂，为了便于计算与分析，可按平均电价0.65元/kWh进行计算，也可采用运行时当地各时段电价的加权值进行计算。项目的设备发电效率按照当地的平均条件进行考虑，计算过程中不考虑其他的衰减因素。其次，项目投资的第二项收益是冷热收益。为了方便对各系统进行对比分析，以系统生产冷热的最大成本作为方案比较的冷热参考价格。如按热值计算法，在天然气燃料的价格基础上考虑余热锅炉补燃后的热利用效率。同时，还需要支付水处理费等。发电供冷成本加上一定的资金回报和负债回报构成上网电价及供冷价。或者说，当发电成本一定时，为了满足内部收益率、投资回收率、贷款偿还率等经济评价指标的要求，必然对应有一个最低的上网电价及供冷价。这里提及的上网电价只是进行天然气发电经济性分析的概念，并不等于电厂真实售电价。

（3）系统成本支出费用的分析。

冷热电三联供系统建成投产后，系统成本一般是由总投资的折旧成本、运行和维护成本、燃料成本三部分组成。当项目竣工后，前两部分成本基本确定，变化因素较少，不妨称之为固定成本。一般地，燃气轮机联合循环建设比投资低，自动化程度高，劳动定员少，因此与常规燃煤电站相比，系统成本中固定成本部分所占比例减小，一般占35%~55%。由系统配置可知，在系统消耗的燃料种类中，天然气占了绝对的比重。除燃气轮机消耗的燃料外，烟气直燃机和余热锅的补燃也需要大量的燃料，所以燃用天然气产生的费用是系统最大的成本支出，燃料成本比例一般占45%~65%。出于计算模型的简单化，可只考虑设备本身所消耗的天然气量而未按照系统运行时燃料消耗的实际情况进行计算；由于燃料成本所占份额较高，系统的运行经济性将很大程度上取决于天然气价格。因此，设法降低天然气价格对减少燃气轮机联合循环发电成本至关重要。考虑到燃气轮机热、电、冷联供项目的社会经济效益和环保效益，如减少大气污染，提高能源利用率等，由政府给予优惠的燃气价格和提供政策扶持帮助，对其成功是相当重要的。运行维修费中水费、运行材料费、修理费、工资福利费等四项，均按照各自情况取。

2. 项目的经济性影响因素分析

年利用小时、燃料价格、供热热价、电价、单位造价等是影响分布式燃气冷热电三联供系统经济性的重要因素，这些因素中的某个因素在其他因素为基本值的前提下超过或低于一定的临界值后才是在经济上可行的。这些临界值可以用来界定分布式系统的经济性，进行项目的运营盈亏平衡分析。

（四）储能

储能是综合能源系统构建中不可缺少的组成部分，在综合能源中发挥能量中转、匹配和优化的重要作用。当前阶段储能在可再生能源发电站、配电网、微电网、智能家居等智能电网场景中的示范为储能在综合能源系统中的应用奠定了基础。这里主要介绍储能的典型应用及相关技术。

1. 储能在综合能源系统中的应用

在综合能源背景下，广义的电力储能技术可定义为实现电力与热能、化学能、机械能等能量之间的单向或双向存储技术。如图5-5所示，电化学储能、储热、氢储能、电动汽车等储能技术围绕电力供应，实现了电网、交通网、天然气管网、供热供冷网的“互联”。

其中，电化学储能和电动汽车实现了电力双向转换，用双框线标出，其余用单框线标出，图中箭头的方向表示能量流动的方向，FCEV表示燃料电池电动汽车，BEV表示电化学电池电动汽车。

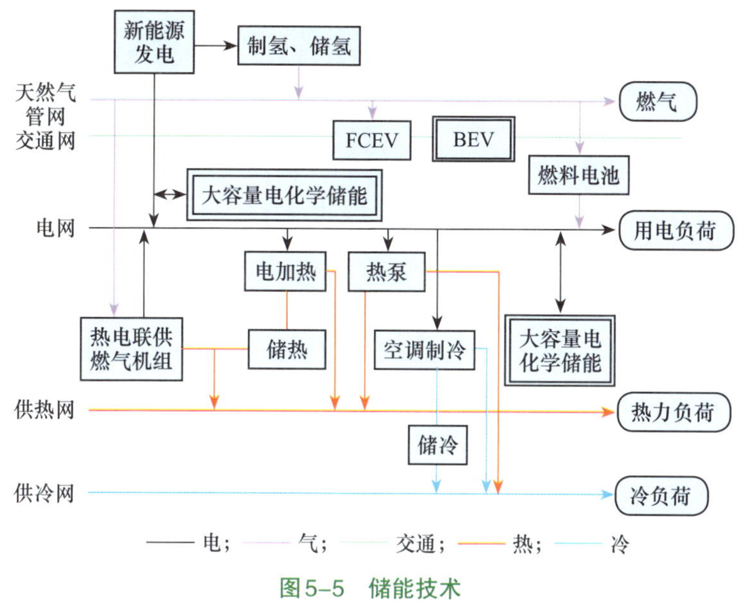

图5-5　储能技术

2. 大容量储能的规划及与可再生能源发电的协同调度技术

实现大规模可再生能源的高效利用是能源互联网建设的核心目的。电网对集中式可再生能源发电的送出和消纳涉及系统充裕度、安全性和经济性等方面的问题。如何利用储能应对上述问题，实现高比例新能源发电的高效利用是当前关注的热点。大规模化储能与可再生能源发电的协同规划与调度是实现电网级储能应用的两个关键问题。其中，储能的规划包括储能的选址、选型和容量配置几个层次的内容；储能的调度，涉及包含储能、新能源、常规电源、可控负荷在内的机组组合问题。在规划层面，通过储能的合理选型、布局和容量配置，实现发输电资源的协调配合和高效利用；在调度层面合理安排储能系统的调峰调频和旋转备用容量，实现新能源本地和跨区域消纳。实际上，储能的规划与调度问题很难分解开，一些文献将其描述为两层优化问题，外层为电网潮流约束下的储能选址和容量配置优化，内层为以新能源送出消纳或经济性为目标的储能充放电运行优化。关于储能的规划和调度方法研究仍处于起步阶段，新能源发电不确定性的建模、储能成本模型、系统风险的评估以及优化问题的求解是该项工作的主要难点。以上只考虑了利用双向的电能存储技术实现电力供应平衡。在新能源发电供热、制氢，规模化电动汽车柔性充放电等条件下，电力系统与其他能源系统紧密耦合在一起，围绕新能源发电高效利用问题，考虑大容量储热、储氢、电动汽车的电—热—

气—交通联合系统的规划和优化控制方法研究目前基本处于空白阶段。

分布式储能在配电网及用户侧的应用也是支撑可再生能源发电利用的关键技术，现有多数工作从本地应用角度出发，如何从系统角度评估储能的效益，对储能进行合理的规划和管理是分布式储能应用的关键，利用VPP技术对分布式储能进行广域协调控制是该问题的难点之一。

（五）汽车充电桩

目前，发展电动汽车已经成为节能减排与改善地球环境的必然趋势。电动汽车具有零污染、零噪音、驾驶简单的优势，但是其续航能力弱以及充电不方便等缺点也成为限制大范围使用的障碍。而充电桩就是给电动汽车提供能源的一种配套设施，随着资源的紧张，新能源汽车的发展已经成为一种趋势，所以研究充电桩的技术是十分必要的，也有非常大的现实意义。

1. 充电桩建设的可行模式

（1）建设交流充电桩。在小区停车场建设交流充电桩，采用220V或者380V交流电压。经过地面充电桩，可以为家用电动汽车或者环卫清洁车等小型电动汽车充电，这种交流充电桩的最大优势就是可以利用车辆夜间闲置的时间进行充电。

（2）建设直流充电桩。在电动公交车站或者大型电动汽车的场合建设直流充电桩，可以快速完成车辆充电过程。这种充电桩的功率较大，对电网会进行一定的冲击，所以在建设的时候需要考虑对电网的保护措施。

（3）一体式充电桩。快速充电桩设备采用交直流一体的结构，既可以直流充电，也可以交流充电。白天充电业务多的时候，使用直流方式进行快速充电，当夜间充电站用户少时可用交流充电进行慢充操作。

2. 充电桩建设

（1）建设要求。作为电网配用电侧的电动汽车充电桩，其结构的特殊性决定了自动化通信系统的特点是被测点多且分散、覆盖面广、通信距离短。并且随着城市的发展，网络拓扑要求具有灵活性和扩展性的结构，因此，电动汽车充电桩通信方式的选择应考虑如下问题：

1）通信的可靠性——通信系统要长期经受恶劣环境和较强的电磁干扰或噪音干扰的考验，并保持通信的畅通。

2）建设费用——在满足可靠性的前提下，综合考虑建设费用及长期使用和维护的费用。

3）双向通信——不仅能实现信息量的上传，还要实现控制量的下达。

4）多业务的数据传输速率——随着以后终端业务量的不断增长，主站到子站、子站到终端之间通信对实现多业务的数据传输速率要求越来越高。

5）通信的灵活性和可扩展性——由于充电桩具有控制点面多、面广和分散的特点，要求采用标准的通信协议，随着“ALL IP”网络技术趋势的发展以及电力运营业务的不断增长，需要考虑基于IP的业务承载，同时要求便于安装施工、调试、运行、维护。

（2）通信方式。电动汽车充电桩属于配电网侧，其通信方式往往和配电网自动化一起综合考虑。通信是配电网自动化的一个重点和难点，区域不同、条件不同，可应用的通信方式也不同，具体到电动汽车充电桩，其通信方式主要有有线方式和无线方式。

1）有线方式。有线方式主要有：有线以太网（RJ45线、光纤）、工业串行总线（RS485、RS232、CAN总线）。有线以太网的优点是数据传输可靠、网络容量大，缺点是布线复杂、扩展性差、施工成本高、灵活性差。工业串行总线的优点是数据传输可靠，设计简单，缺点是布网复杂、扩展性差、施工成本高、灵活性差、通信容量低。

2）无线方式。无线方式主要采用移动运营商的移动数据接入业务，如：GRPS、EVDO、CDMA等。采用移动运营商的移动数据业务需要将电动汽车充电桩这一电网内部设备接入移动运营商的移动数据网络，需要支付昂贵的月租和年费，随着充电桩数量的增加费用将越来越大；同时数据的安全性和网络的可靠性都受到移动运营商的限制，不利于设备的安全运行；其次，移动运营商的移动接入带宽属共享带宽，当局部区域有大量设备接入时，其接入的可靠性和每个用户的平均带宽会恶化，不利于充电桩群的密集接入、大数据量的数据传输。

（3）参数要求，具体参数见表5-3。

表5-3　充电桩建设基本参数

基本参数	数值
连接器动力线触头额定电压	DC750V
连接器动力线触头额定电流	125A
连接器控制线触头电压	DC36V
连接器控制线触头电流	5A

续表

基本参数	数值
连接器机械操作寿命	≥10000次
防水等级	IP67
耐电压	2000V
绝缘电阻	500MΩ

5.3.2 综合能源服务运维

一、运营管理制度

（1）根据公司的发展战略、运营目标和市场状况，由运营部于每年最后一季度末制定并提交公司年度运营计划、费用预算，经公司批准后组织实施。

（2）运营部负责制定运营方案的详细工作规程和细则，监督按程序实施，负责运营方案的拟定、报批、执行、总结的全程跟进工作；包括市场拓展所需的各项物料、方案的临时调整、人员的安排、物品的保管监督、效果的评估总结。

（3）运营部统一管理公司各项运营工作，包括企划、后台管理、客户服务等活动的组织、实施，整理评估运营效果，提出初步运营工作总结，运营部汇总并撰写市场拓展工作报告，供公司领导和有关部门决策参考。

（4）运营部策划人员根据市场动态及时制定运营方案及具体实施办法，协助市场部开展市场活动，整理、评估促销效果，总结经验及资料的分类建档，协调各部门及本部门运营相关事务和传递工作。

（5）运营部设计人员负责拓展有关的市场广告方案及制作工作，及时了解市场动态，提出开展拓展活动的建议。

（6）各区域负责具体组织该区域市场促销活动，提出初步效果评估报告，根据本市场的实际情况，提出拓展建议及拓展活动申请。

（7）运营部主管负责公司整体市场拓展活动的指导，协调相关业务并对相关人员的工作业绩进行考核。

二、项目运营管理内容

综合能源运营管理常见内容见表5-4。

表5-4 综合能源运营管理常见内容

	项目	部门	实施细则
1	运营前期准备工作		
1.1	资料准备	运行维护部	向建设单位索取该项目相关资料，包括：房产测绘公司出示的房屋测绘报告或房屋所有权证复印件提供具有法律效力的房屋建筑面积、层高和建筑性质
1.2	委托收费事宜	工程部	委托物业公司代收取暖和制冷费的，需和物业公司签订具有法律效力的相关协议，方可委托
1.3	项目备案	运行维护部	投入运行前对该项目进行备案，由建设单位盖章后存档
1.4	人员配备	运行维护部	依据工程部及运营维护部岗位设置要求并结合实际需要，进行定岗定员
	人员培训	运营维护部	由调试员对新上岗人员进行岗前培训
2	交接、运营阶段		
2.1	接管前	运行维护部	工程竣工前一周由项目经理告知本部门，同时提供该项目相关资料，包括：竣工报告、项目施工合同、项目竣工图纸、配电柜原理图、设备使用说明书、设备合格证、电气合格证等
2.2	现场交接	运行维护部	安排人员到现场熟悉该项目的情况，包括设备的配置，空调系统的原理，外网和末端系统的位置，水、电的接口位置，各设备对应的操作按钮，与工程人员当面交接
2.3	核定资产	工程部	工程部出示该项目的资产清单，由部门运行人员进行核实
2.4	现场核实	工程部	检查该项目设备、物品、机房内照明、门窗的完整性
2.5	完成移交	工程部	部门负责人审核、签订《项目移交单》，移交工作结束
2.6	资料收编	运行维护部	整理与项目有关图纸、资料、技术文件、资产清单进行存档
3	收费、运行阶段		
3.1	收费管理	运行维护部	1. 供热（冷）前20日向用户下发供热（冷）收费通知，附带收费详单。收费通知必须写有明确的缴费金额、时间、方式、对象，注明咨询人员和咨询方式；收费通知及收费详单需公司审核后盖章方为有效。 2. 收费标准：供热按照当地最新颁布的相关文件和规定执行，制冷依照我公司有关规定或双方合同收取；支付方式：以支票的形式汇入公司指定账户

续表

	项目	部门	实施细则
3.2	水电支出预算	运行组长	机房水、电费需要预交的应在一周前由项目组长提出申请，依照公司程序审批。同时做好水电表起始数字的记录，并与相应单位或公司共同确认
3.3	系统运行	运行员	1. 设备的操作方法及顺序必须严格按照本公司运行规范执行，避免因操作错误造成设备损坏。 2. 运行管理人员按照机组开停机，在规定的时间开停机组及起停相应的使用侧水系统、热源侧水系统和生活热水系统。 3. 巡回检查:空调系统涉及的设备种类和数量较多，为了保证系统安全正常的运行，就需要运行管理人员定时或定期地进行巡回检查，以预防为主，发现故障和问题及时处理。 4. 空调系统运行期间，运行管理人员应每隔一小时将设备的运行数据记录在相应的运行记录表上；妥善管理，及时存档，保存期限两年。 5. 每周记录机房用电量和设备运转时间，与往年同期进行对比，值班人员应根据用户的要求，按时开关空调，并根据负荷情况启用或关闭相应的空调机组，调整设定温度，充分利用峰谷电价调整主机的运行时间最大限度地节省能源。 6. 每天对末端设备进行检查，记录室内温度参数，根据此参数合理调节供水温度和开机时间
4	后期档案建立、投诉处理阶段		
4.1	档案建立	运行维护部	维护人员负责建立各类空调设备的维护保养及检修档案
4.2	设备标识	运行员	运行人员负责对空调设备进行标识，以便统一管理
4.3	制定计划	运行员	每季度由组长组织各项目人员制订设备维护保养及维修计划，并提交相应的采购单及采购说明经部门领导核实后报公司审批，审批完成后发放到相关班组，由组长负责组织实施。维护结束后及时填写维护保养记录
4.4	巡检维护	维护员	在日常运行中，空调运行值班人员应按照有关规定进行巡检，发现问题要及时反映，以便尽快维修，维修后要将有关情况做好记录
4.5	客户投诉处理	调度员	调度员对客户投诉问题填写《客户投诉记录表》，通知维护人员处理

续表

	项目	部门	实施细则
4.6	客户回访	调度员	针对客户投诉的问题，处理完成两小时后做电话回访。
4.7	专业维修	维护员	如因技术或其他原因不能够完成维修的设备，由维护人员联系厂家或专业人员进行维修
4.8	工具管理	运行员	1. 明确机房工具管理制度，指派专门负责人保管。 2. 机房内所有的工具必须填写《机房工具清单》，详细记录工具名称及型号，并报公司备案。 3. 工具要整齐摆放在工具架或指定位置。 4. 使用完的工具要擦拭干净，表面无油污、淤泥、水迹、锈蚀。 5. 损坏工具要填写《报废工具登记表》并及时上报予以更换，报废工具要统一保存，统一处理

第六章 综合能源服务案例

6.1 国网客服中心南北园区综合能源服务项目

6.1.1 项目概况

一、项目背景

2013年4月，国家电网公司党组决定建设国网客服中心南北园区，其中北方园区设在天津，南方园区设在南京，各负责13个省市供电服务热线任务，并且互为容灾备用，国网客户服务中心本部设在北方园区。公司党组在建设之初就确立了将南北园区建设为“国家电网公司能源技术与服务创新园区”的一大目标。为落实这一目标，2014年4月，国家电网天津市电力公司统一规划、科学设计，兼顾先进性和可推广性两个方面，提出建设以电能为中心，融合电能替代与节能技术，规模化应用多种清洁能源，技术先进、智能互动的绿色复合型能源网。

二、项目概况

1. 北方园区概况

国电客户服务中心北方园区建设项目位于天津市东丽区东丽湖温泉度假村旅游区，北临丽湖环路，东临东文路，南临智景路。一期建筑面积14万m^2，共有10栋建筑单体，命名研发楼①~⑩，分两大功能区。生产核心区由研发楼①~④组成，包括一栋运行监控中心，两栋呼叫中心和一栋公共服务楼；

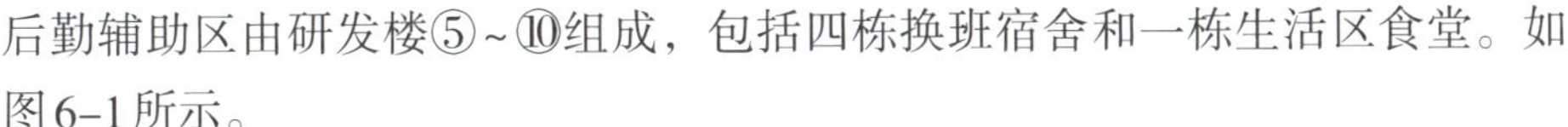

后勤辅助区由研发楼⑤~⑩组成，包括四栋换班宿舍和一栋生活区食堂。如图6-1所示。

2. 绿色复合型能源网概况

（1）定位能源网建设思路与目标。2013年7月，国网客服中心南北园区建设领导小组第三次会议上，公司确定了南北园区一期建设方案总体思路，明确了设计思想上，要突出“节能、环保、生态、智能”等先进理念，目标为打造公司“能源技术与服务创新”的示范园区，积极探索节能与服务的社会化商业运营模式。

（2）细化能源网设计实施方案。项目建设领导小组办公室统筹策划，聘请国内有关知名专家多次进行设计方案优化和智能技术研究，经过专家组论证，最终确定了“两型一认证”的建设目标。项目在能源、服务和生态建设三方面，创新提出建成以电为中心、灵活接纳多种能源形式，实现多能源协调控制和综合能效管理的“绿色复合型能源网”。全面集成智能楼宇、智慧能源和智慧环境等子系统，建设感知透彻、高度融合、智能联动的“智慧服务型创新园区”。集合热泵、蓄热蓄冷、电能替代等技术应用和绿色建筑认证理念，打造节能、高效、环保的人与自然和谐共处的生态园区环境。

（3）协同推进能源网项目运行。按照与国网客户服务中心北方园区本体工程建设同步实施的建设原则，经过公司的组织协调和各建设单位的共同努力，于2015年6月26日，绿色复合型能源网北方园区项目已全部建完并投入试运行。

图6-1　国网客户服务中心北方园区简图

6.1.2 技术方案

（1）光伏发电：利用太阳能发电为园区提供部分电能。光伏发电装机总容量813kW，其中，在研发楼①、②、④、⑤、⑥、⑦、⑧、⑨共八个建筑物屋顶安装多晶硅光伏组件，装机容量785kW，连廊的屋顶以及④和连廊的南立面安装薄膜光伏组件，装机容量28kW。

（2）储能微电网：储能微电网系统由50kW×4h铅酸蓄电池储能、48kW光伏发电以及研发楼①的40千瓦公共照明组成。

（3）太阳能空调：太阳能空调系统可以为研发楼⑩供冷、供暖以及提供生活热水。研发楼⑩屋顶铺设630m^{3}槽式集热器，夏季供冷时，由高温导热油驱动溴化锂吸收式冷水机组制备冷冻水；冬季供热时，通过油—水换热器进行热交换产生空调热水。配置两台总制冷量为1060kW的风冷冷水机组及3台总输入功率57kW的空气源热泵作为后备冷热源。

（4）太阳能热水：利用太阳能集热器制备生活热水。在研发楼③屋顶铺设约1470m^{2}的承压玻璃真空管（U形管）。蓄热式电锅炉的蓄热水箱高温水作为热水补充。

（5）冰蓄冷：冰蓄冷系统与地源热泵和基载制冷机组配合夏季为园区供冷。两台双工况机组，总制冷量6300kW，制冰量4284kW，放置在地下室集中能源站；采用蓄冰盘管形式，蓄冰总量10000冷t·h，放置在研发楼⑤、⑥之间的地下。

（6）地源热泵：地源热泵系统与冰蓄冷和基载制冷机组配合为园区夏季供冷，与蓄热式电锅炉配合冬季为园区供暖。

（7）三台地源热泵机组，放置在集中能源站，总制冷量3585kW，制热量3801kW；室外629口地源热泵井，分布在八块区域。

（8）蓄热式电锅炉：蓄热式电锅炉系统与地源热泵配合冬季为园区供暖，同时作为太阳能热水的补充热源。四台电锅炉，总制热量8280kW，放置在集中能源站，三组蓄热水箱，总体积2025m^3，放置在研发楼④前方地下。

（9）能源网运行调控平台：能源网运行调控平台对园区冷、热、电及储能系统进行运行监测、智能学习和智能调控，实现多种能源合理、协调、优化配置，最终实现园区内多种能源的安全、经济运行。

6.1.3 建设管理

一、规划阶段

整合专家资源，制定规划方案。项目建设领导小组聘请国内有关知名专家以及相关高校的资深教授，对项目的规划和设计方案进行了多次深入的探讨和研究，最终确定建立一个能源分散供给、网络共享、技术先进、智能互动的绿色复合型能源网。

搭建组织架构，明确重点项目。为了更好地推动北方园区的建设工作，国网天津市电力公司发出一系列促进该项目建设的相关文件，其中列入“国家电网智能电网创新示范工程”部分的4个子项目和列入“工程建设本体”的2个子项目，管理部门为公司营销部，由营销部负责组织协调，北方园区建设分公司负责立项和建设实施；列入“天津节能公司”的2个子项目由国网天津市节能服务有限公司（以下简称“天津节能公司”）负责立项和建设实施。最后由国网天津市电力公司总经理办公会审议该绿色复合型能源网建设方案。

二、设计阶段

（1）秉承规划思路，明确设计路线。2013年7月，国网客户服务中心南北园区建设领导小组第三次会议上，明确了“节能、环保、生态、智能”的设计思想，并将相关设计工作交由同济大学建筑设计研究院（集团）有限公司。会上明确项目的整体设计思路，即构建以电能为中心的“网—源—储—荷”互动型、园区型能源互联网络，以“七系统”+“一平台”为结构模式的绿色复合型能源网，为园区提供冷、热、电一体化供应。

（2）确定能源网大脑，设计运行调控平台。能源网运行调控平台具有能源监测、能源调控、能源分析、资产运维管理、安全生产培训五大功能。在对园区能源信息进行实时采集、高度融合和深入分析的基础上，形成园区内部能源优势互补、互联共享的局面，制定经济效益最优、绿色节能最优及综合应用最优的控制策略，通过对园区范围内冷、热、电多种能源全生命周期监测管理及优化调度，最终实现园区多种能源高效分散供给和智能网络共享。

1）能源监测。从能源网安全稳定运行的角度，通过三维可视化平台监测园区内电、冷/热、热水等能源子系统及重要能源生产设备的生产情况、运行情况以及园区各楼宇用能情况，从而保证园区平稳、安全运行。

2）能源调控。利用能量优化配比、优化调度等技术，实现园区的能源生产与用户负荷需求之间的智能互动，实现冷、热、电多种能源的综合高效利用与经济运行。

3）能源分析。以完善的、权威的指标体系来支撑，从能源安全、微电网关系、大电网关系等方面对能源网进行分析，为决策者提供专业化、可视化、智能化、互动化的综合性产能结构决策支持。

4）资产运维管理。通过园区设备全生命周期的管理业务、智能化巡检业务、数字化保养业务、流程化三线运维的业务，实现园区结构化管理、流程的标准化和规范化，为园区设备检维修信息化管理提供信息支撑。

5）安全生产培训。通过在线制定课程、学习计划以及提供在线课程学习、仿真课程学习，帮助新进运维人员掌握安全生产技能，了解园区实际运作流程，确保员工实际操作的规范化、流程化、专业化。

三、项目投资建设阶段

1. 投资概况

北方园区绿色复合型能源网项目共计划投资9280.58万元，资金主要来源有三个渠道：一是天津节能公司投资3525.27万元，用于冰蓄冷系统项目和地源热泵系统项目；二是工程本体投资2358.35万元，用于蓄热式电锅炉系统项目及太阳能热水系统项目；三是“国家电网智能电网创新示范工程”项目投资3396.96万元，将光伏发电系统、储能微电网系统、太阳能空调系统、运行调控平台4个子项目列入示范工程的支撑分布式电源应用工程类别。各子项目计划投资及实际中标价格见表6-1。

表6-1　投资使用情况

资金来源	金额（万元）	子系统名称	投资概算（万元）	中标金额（万元）
天津节能公司	3525.27	冰蓄冷系统	1837.38	2849.3
		地源热泵系统	1687.89	
工程本体	2358.35	蓄热式电锅炉系统	1158.09	1249.56
		太阳能热水系统	1200.26	1195.51
国家电网智能电网创新示范工程	3396.96	光伏发电系统	1227.98	3114.52
		储能微电网系统	218.09	
		太阳能空调系统	500.79	
		运行调控平台	1450.1	
总计	9280.58	——	9280.58	8408.89

2. 建设阶段

国网天津市电力公司负责北方园区绿色复合型能源网项目的立项和建设实施，天津节能公司和北方基地建设分公司作为二级建设单位，各自承担不同子系统的建设工作，见表6-2。

表6-2　各单位建设内容

<table>
<tr><th colspan="2">建设单位</th><th rowspan="2">施工单位</th><th rowspan="2">子系统名称</th></tr>
<tr><th>一级单位</th><th>二级单位</th></tr>
<tr><td rowspan="8">国网天津市电力公司</td><td rowspan="2">天津节能公司</td><td rowspan="2">杭州华电华源</td><td>冰蓄冷系统</td></tr>
<tr><td>地源热泵系统</td></tr>
<tr><td rowspan="6">北方基地建设分公司</td><td>杭州华电华源</td><td>蓄热式电锅炉系统</td></tr>
<tr><td>江苏华扬</td><td>太阳能热水系统</td></tr>
<tr><td rowspan="4">国电通</td><td>光伏发电系统</td></tr>
<tr><td>储能微电网系统</td></tr>
<tr><td>太阳能空调系统</td></tr>
<tr><td>运行调控平台</td></tr>
</table>

6.1.4 效益分析

一、创新效益

1. 实现了以电能为中心的园区供能模式

搭建以电能为中心的“网—源—储—荷”互动型、园区型能源互联网络，利用多种能源协调控制和综合能效管理，最终达到能源的分散供给和网络共享，是集绿色能源发电、储存和冷热电优化调度为一体的创新工程。

2. 实现电能替代与节能技术的深度融合

能源网实现了多种节能技术与电能替代的融合，既提升了清洁电能在终端能源消费比例，又降低了用户能源使用的成本。对于电能替代的推广起到了很好的示范作用，有助于缓解国家经济社会发展面临的资源、环境瓶颈，促进产业结构升级和经济发展方式的转变。

3. 首次提出涵盖园区型能源网全寿命周期管理的综合评价指标体系与方法

建立综合、子系统、运维三大类指标，涵盖能源网规划设计、建设、运行、维护管理等全寿命过程管理。提出绿色复合型能源网的能效比、可再生能源占比、能源利用率、能源自给率、安全运转率等关键指标对能源网的运行进行全方位评价。

4. 探索综合能源服务的商业模式

探索多元化综合能源服务新模式，打造涵盖电能、供热、热水、制冷等一体化的综合能源供应服务，在降低了用户的用能成本，为用户提供了优质能源服务的同时，有利于公司在电力改革的环境下不断开拓外部需求市场。

二、运营示范价值

项目综合采用了节能蓄能、移峰填谷、可再生能源利用和能源运行优化调控等技术，可取得显著的经济和环境效益。以北方园区项目为例，经测算：

（1）可实现每年电能替代电量1182万kWh。蓄热式电锅炉每供暖季可替代电量约664万kWh；地源热泵系统每制冷季替代电量206万kWh，每供暖季替代电量219万kWh；冰蓄冷每制冷季替代电量93万kWh。

计算过程：蓄热式电锅炉替代电量664万kWh。蓄热式电锅炉系统是绿色复合型能源网项目8个子系统中的1个子系统，结合国网客户服务中心北方园区建设同步实施。建设4台×2070kW电锅炉、675m^3×3组保温水箱。蓄热式电锅炉采用全蓄热模式，仅低谷时段开启电锅炉蓄热，高峰和平峰时段电锅炉不运行，仅靠蓄热水箱放热。年替代电量约664万kWh。

地源热泵替代电量425万kWh。地源热泵系统是基载冷热源为园区供冷、供热。制冷季：地源热泵机组总制冷容量3585kW，机组平均COP约为5，制冷季按120天24h计算，制冷年替代电量206万kWh。采暖季：地源热泵机组总制热量3801kW，机组平均COP约为5，采暖季按120天24h计算，采暖年替代电量219万kWh。年总替代电量为：425万kWh。

冰蓄冷替代电量93万kWh。冰蓄冷空调系统制冰功率4282kW，设备能效比3.5，夏季利用低谷电制冰，供冷120天。

（2）可节约电力5996.2kW，每年节约电量1100万kWh。与采用基载离心式冷水机组供冷、电锅炉供热并且没有利用地热能和太阳能的传统供能形式相比：光伏发电、太阳能热水、太阳能空调、地源热泵及能源网运行调控平台可实现节约电力电量，冰蓄冷空调与蓄热式电锅炉很好地实现了移峰填谷。

1）光伏发电。

经济效益：光伏发电系统容量约为813kWp，只占北方园区最大电负荷（为13878kW）的6.32%，光伏发出的电量可在园区内部完全消纳。

按照天津地区太阳辐射资源测算，本系统年利用小时数为1317h。年发电813×1317×10–4=107.1万kWh。按光伏发电系统每天运行10h，全年运行365天测算，可节约电力约107.1×104/(10×365)=293.4kW。

按园区用电综合电价1.067元/kWh（考虑光伏发电时段处在用电高峰及

平峰时段进行综合测算电价）计算，园区每年可节约电费114.28万元；分布式光伏发电项目的电价补贴标准为0.42元/kWh，每年可获得44.98万元补贴，两者合计光伏发电系统每年可获得收益159.26万元。按光伏系统总投资1247万元计算，投资回本年限7.83年，而光伏系统实际寿命在25年以上，因此在投资回收后还能继续获得稳定的投资收益。

节能减排效果：每年发电107.1万kWh，折合节约标准煤343.78t。每年可减排CO_2：1067.8t；SO_2：7.10t；NO_x：3.74t。

2）光储微电网系统。

就本项目而言，光伏发电容量远低于负荷需求，光伏产生的电力完全可在园区范围内消纳，所以就园区整体而言，没有设置储能的必要。在此不讨论其经济效益。但光伏与储能配合构成光储微电网，有其示范意义。

3）地源热泵系统。

地源热泵系统每年制冷供暖共节电575.9万kWh，节省运行费用518.5万元，节约电力208kW。

制冷季：地源热泵机组比离心式制冷机组效率高，耗电功率低0.248-0.19=0.058kW，地源热泵机组总制冷容量3585kW，从而使得地源热泵耗电功率比常规空调系统低0.058×3585=208kW，对应节约电量59.9万kWh（按制冷季4个月计算，地源热泵承担基载负荷，节电量=208×4×30×24×10-4=59.9万kWh）。按平均电价0.9003元/kWh计算，每个制冷季节约电费0.9003×59.9=53.9万元。

供暖季：由于地源热泵的供热机理与电锅炉供热机理不同，地源热泵系统的节电优势更加显著。按地源热泵系统供暖COP4.0计算，每供暖季可节约电量516万kWh（与电热锅炉相比，地源热泵系统供热功率节约电量：0.75kW。本项目配置的地源热泵机组制热总功率为3801kW，满负荷运行节约的电负荷为2851kW，按冬季满负荷运行1810h计算，每年节电量=2851×1810×10-4=516万kWh）。平均电价按0.9003元/kWh计算，地源热泵供热比直热式电锅炉每供暖季节省运行费用464.6万元。

4）冰蓄冷系统。

冰蓄冷蓄冰总容量35160kWh(10000RTh)，按制冷季运行4个月，按基载空调制冷系数0.245计算，每年削峰填谷电量达35160×4×30×0.245×10-4=103.4万kWh。按负荷高峰时段冰蓄冷最大放冷量4188.75kW计算，转移高峰负荷4188.75×0.245=1026.2kW。按负荷低谷时段冰蓄冷蓄冰量4677.61kW计算，填谷电力4677.61×0.245=1146kW。将融冰冷负荷全部用于高峰电价时段供冷，低谷制冰，高峰融冰供冷的价格为：0.224元/kWh（0.79元/RTh）；基载离心机高峰时段供冷价格为：0.334元/kWh（1.174元/RTh）。一期系统设计的蓄冰容量为10000RTh，每天可节约的运行费用为（0.334-0.224）×35160=3840元。按天津地区实际供冷期4个月，可节约运行费用为3840×4×30×10-4=46.1万元/年。

5）蓄热式电锅炉系统。

蓄热式电锅炉采用全蓄热模式，仅低谷时段开启电锅炉蓄热，高峰和平峰时段电锅炉不运行，仅靠蓄热水箱放热。蓄热式电锅炉与电源热泵系统并联运行为园区供暖。其中地源热泵效率高，承担基础负荷。蓄热式电锅炉仅用于调峰。削峰填谷电量达37.45万kWh。考虑蓄热损失，蓄热式电锅炉效率约90%，与直热式电锅炉（其运行平均电费按0.9003元/kWh计算）相比，每供暖季节省运行费用37.45×0.9003-37.45/90%×0.4748=13.96万元。

6）太阳能空调系统。

太阳能空调系统每年节约的电量为57.4万kWh，节约电力238.4kW，每年可节约的运行费用约52.76万元。可节约标准煤184t，每年可减排SO_2：3.8t，NO_x：2.1t。

过渡季生活热水：太阳能空调集热系统其他季节可用于研发楼10的卫生热水供应。仍按4个月计算，供热容量320kW计算，实际可供热量为30.72万kWh（1106GJ），与直热式电锅炉供热相比，每年节省电费0.9003×30.72=27.66万元。

制冷季：太阳能空调系统的总制冷容量：350kW，配电功率包括：溴化锂设备3kW；循环水泵11+11kW，冷却塔4kW，太阳能热水循环泵5.5kW，合计34.5kW。太阳能空调主要用于白天用电高峰和平谷时段，按各运行4h计算，设计日运行电费295元，实际供冷量2800kWh，若采用风冷热泵空调机组（常规空调），350kW的制冷量对应的耗电量为125kW，设计日运行费用为1067元/日。两者相比，太阳能空调每日可节约运行费用为772元，按每年运行3个月（90天）计算，可节约运行费6.95万元；对应的节约电量6.52万kWh。

供暖季：太阳能空调冬季供热容量210kW，按冬季运行4个月计算，实际太阳能可供热量20.16万kWh（725.76GJ）。与采用直热式电锅炉（供热效率按接近100%计算）相比，每供暖季节省电费0.9003×20.16=18.15万元。

7）太阳能热水系统。

本期采用太阳能预热的热水供应系统，在呼叫中心二楼顶安装太阳能集热器1620m^2，太阳能热水年可供热94.05万kWh（3386GJ），与直热式电锅炉制备热水相比，每年可节约电量94.05万kWh，按太阳能热水一天运行10h，一年运行360天计算，节约电力94.05/(10×360)=261.3kW。节省运行费用0.9003×94.05=84.67万元。可节约标准煤302t，每年可减排CO_2：937.7t；SO_2：6.24t；NO_x：3.46t。

8）能源网运行调控平台。

北方园区本期配电容量24200kVA，最大电负荷13878kW。按年最大负荷利用小时数1800h计算，年耗电量约2498.04万kWh，按能源网调控平台能够节约总耗电量5%的保守估计测算，每年能节电2498.04×5%=124.9万kWh，节约电力13878×5%=693.9kW。按平均电价0.9003元/kWh测算，每年节省电费112.45万元。可节约标准煤401t；每年可减排CO_2：1245.3t；SO_2：8.29t；NO_x：4.6t。

（3）项目每年可节省运行费用987万元，增量投资7.13年可以回收。传统供能形式一般采用离心式冷水机组制冷，采用电锅炉供暖和制备生活热水，按照传统供能形式160元/m^{2}的单位建设投资计算，14m^{2}的供能面积需要1400万元。能源网运行调控平台投资概算9280万元，比传统形式投资增加7040万元。项目投资9280万元，与传统供能形式相比，增加投资约7040万元，增量投资部分的静态回收期为7.13年。

6.2 北辰国家产城融合示范区中关村产业服务核心区项目

6.2.1 项目概况

天津市北辰国家产城融合示范区（以下简称“示范区”）位于天津市中心城区北部，包括两个园区和两个示范镇，分别为：国家级北辰经济技术开发区核心区、国家级高端装备产业园和大张庄镇、双街镇两个市级示范小城镇。规划四至为：东至津围公路、南至永定新河、西至北运河、北至滨保高速，规划总面积68km^2。

中关村产业服务核心区，位于北辰国家产城融合示范区内。北至九园公路，东至津武路，南至永定新河，西至京山铁路。规划范围用地面积约8km^2（城镇建设用地6.5km^2），常住人口4万人。依托轨道交通5号线站点，建设高标准的居住社区与公用服务设施。建设功能复合的科技服务核心区，包括软件研发中心、科技创业中心、技术交易与培训中心等项目，发展产业研究、创业孵化、企业管理等服务外包产业，如图6-2所示。

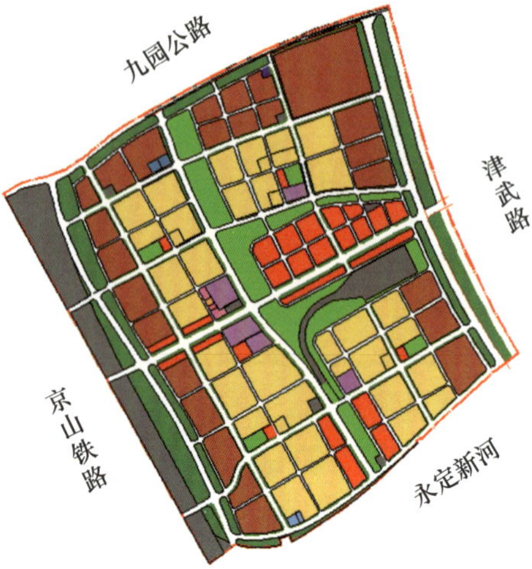

图6-2 中关村产业服务核心区

1. 冷、热供应模式

考虑到实际情况，这里集中供热和供冷的区域为商业、研发地块的部分区域，见表6-3。

表6-3 冷、热供应方案

行业	供热	供冷
商业	燃气锅炉、三联供、地源热泵为主+蓄热式电锅炉调峰	三联供、地源热泵、冷水机组为主+冰蓄冷调峰
研发		
教育	分散式电采暖	冷水机组
居民	燃气锅炉	分体式空调

2. 容量配置

商业及研发部分采用三联供及地源热泵。学校供热采用分散式电采暖，供冷采用冷水机组，居住区采用燃气锅炉供热，分体空调供冷。其他区域采用燃气锅炉及冷水机组，见表6-4。

表6-4 容量配置

供能形式	供电	供热	供冷
三联供（燃气内燃机）（MW）	24	32	32
地源热泵（MW）	-12	48	48
蓄热式电锅炉	-10	10	0

供能形式	供电	供热	供冷
冷水机组（商业、研发、教育）	-40	0	200
燃气锅炉（MW）	0	216	0
分散电采暖（学校）	-12	12	0
分体空调（居民）	0	0	151.8
合计	-50	318	431.8

3. 能源站选址

A区新建2座地源热泵站，1座燃气锅炉站。B区新建2座地源热泵站，1座燃气锅炉站。C区新建3座地源热泵站，1座燃气锅炉站，1座三联供站，三联供站需独立占地，面积为8000m^2。D区新建2座地源热泵站，1座燃气锅炉站，如图6-3所示。

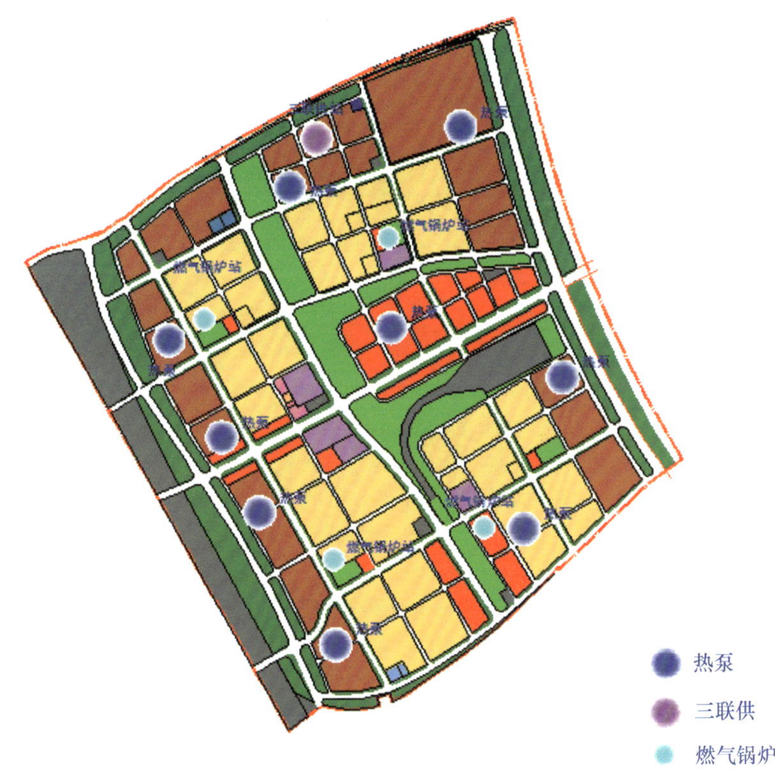

图6-3　能源站选址简图

4. 管网设计

根据能源站负荷供应原则，以双海道、双锦路为界，将核心区分为4个区块，区块内能源站间热力管网互联互通，区块间原则不交叉供应，核心区不再引入外部热力管网。以地源热泵、三联供、燃气锅炉房、冷水机组及分体式空调为主，为区域提供热（冷）供应，其中三联供需考虑独立占地，站址面积约8000m²。同时考虑南侧永定河水源热泵及北侧九园公路污水源热泵作为供冷、供热补充，如图6–4所示。

图6–4　管网架构

5. 天然气供应方案

（1）供应天然气气源，区内现状中压管线不能满足用气需求，故需靠近气源管线规划新建高调站1座。

（2）规划在九园公路与双立路交口附近新建高调站1座，气源接自北宝蓟高压，进站高压管线为DN300，出站中压管线为DN600，该站设计能力为4万m^3/h，满足该区域、项目东侧地块及北侧地块用气需求，见表6-5。

（3）规划高调站气源由北宝蓟计量柜经北辰—宝坻—蓟县高压提供，现状北宝蓟计量柜设计能力为3万m^3/h，仅能满足现状下游用户需求，故为保障规划高调站气源，需对北宝蓟计量柜进行增容改造。

（4）规划沿区域内双立路、双海道、双锦路、新光道、新颜道、双盈路等新DN200~DN500中压管线，与双海道、新光道等现状DN300中压管线相连接，构成区域中压管线的环状供气格局。

6. 电力负荷预测

各行业电力负荷预测见表6-5。

表6-5　电力负荷预测

行业	电负荷（MW）
商业	66.66
研发	86.49
住宅	72.83
教育	8.16

7. 智能电网

（1）建设坚强网架：结合区域项目开发进度，实现配电网100%双环网，满足该区域用户接入需求。

（2）开展配电自动化建设：推动区域配电自动化100%全覆盖，同步开展状态检测、主动抢修、互动服务等工作。

（3）开展主动式配电网试点：选取2组环网，建设2座10kV交直流混联开闭站，通过两端柔性环网控制实现2条不同变电站10kV母线合环并联运行。

（4）推广清洁替代：规划建设充电桩群，开展电动汽车分时租赁业务；推动校园蓄热式电锅炉建设。

8. 通信组网方案

传输骨干网采用工业以太网组网形式，接入网采用EPON技术，如图6-5所示。在各能源站布置工业以太网光纤交换机，各能源站联网组成环网；最大网速为1000Mbps。基于综合能源规划方案，通信网规划估算初投资是1806万元。

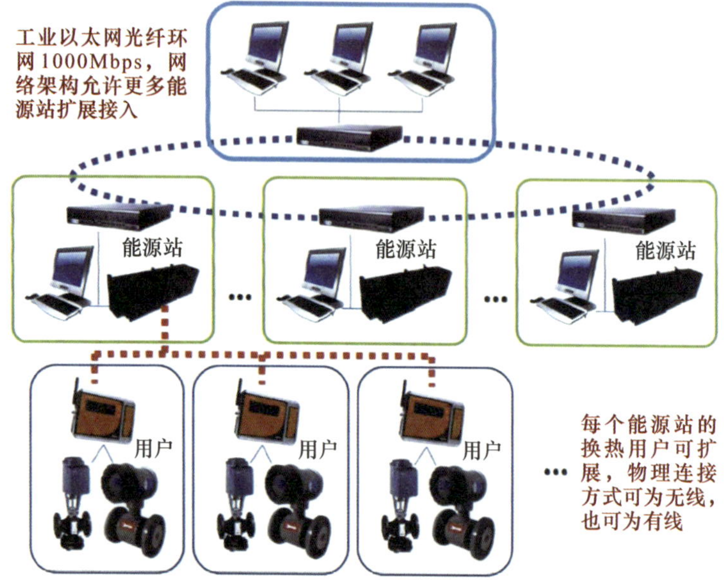

图6-5　通信组方案简图

9. 综合能源服务管理平台——多源大数据中心

按照“两级三层四中心”的建设思路，打造综合能源服务管理平台，为用户提供经济、节能、环境、生态等多目标优化的综合能源服务。“两级”：整体设计，分层建设，打造区域级与用户级两级平台。“三层”：以能源供给网络为物质基础，以通信信息网络为神经系统，以多源大数据中心为智慧中枢，构建综合能源服务管理平台。“四中心”：监控中心、调度中心、能效中心和交易中心，如图6-6所示。

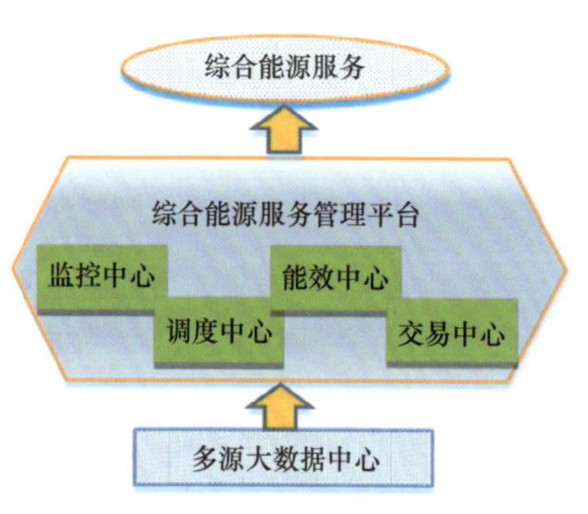

图6-6　综合能源服务管理平台

多源大数据中心（见图6-7）向下依托采集数据源获取真实的数据，通过数据挖掘、分析和多元信息融合进行知识提取和信息融合，向上为业务应用提供可靠的可用信息，同时为上层应用开发提供统一的接口和开发环境。在4个不同层面提供支持：①为城市综合能源服务管理平台提供数据、模型和实例支持。②为能源生产传输消费等全过程提供数据存储、分析、挖掘和管理支持。③为能源生产与消费提供分布式电源联合消纳、柔性负荷响应等决策支持。④为能源传输提供优化运行和风险决策支持。

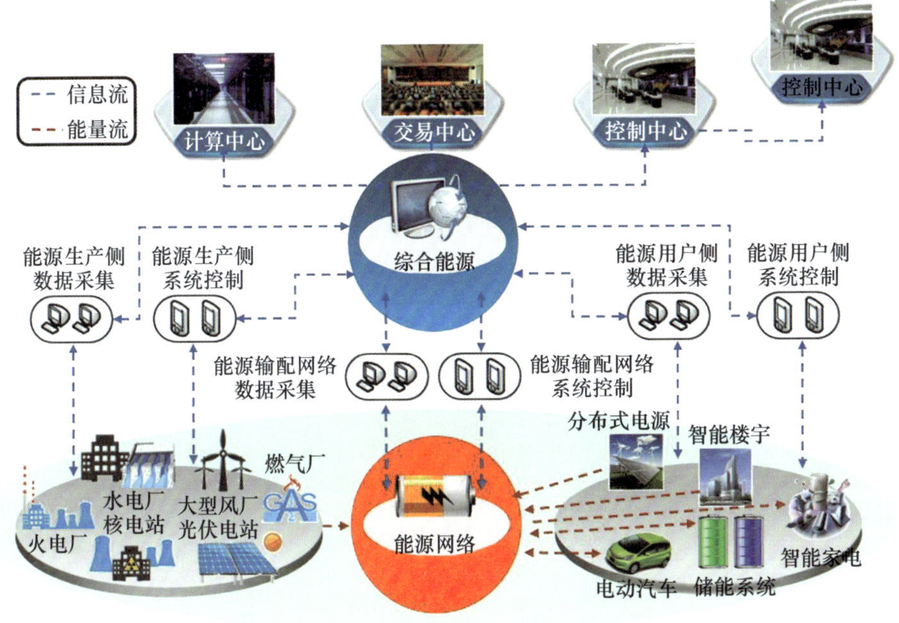

图6–7 多源大数据中心

6.2.2 技术方案

1. 规划

根据需求整体规划节能方案，包括总则、规划目标、系统分析、节能措施、实施步骤、推进措施等。在总体规划的基础上，开展项目可行性研究，结合用能单位改造或新建需求形成可行性研究报告，针对项目建设地点、建设规模和建设内容、外部条件、投资情况与实施方式进行可行性研究。提出工程技术方案，根据用户需求进行规划硬件、软件、能源供应方案，包括能源设计方案、监控系统方案等。

2. 设计

依照规划开展改造或新建项目的详细设计，作为项目投资实施的依据。依据规划建设地点、建设规模和建设内容、外部条件、投资情况与实施方式深入设计建筑结构、建筑设备（建筑给排水设计、建筑供暖、通风、空调设计、建筑电气设计）、节能设计、技术经济分析。

6.2.3 建设管理

1. 投资

最大限度实现投资方效益，科学确定项目投资结构，确保投资方和用户获得期望收益。根据项目资产的拥有形式、项目产品的分配形式、项目管理的决策方式与程序等选择投资结构。

2. 建设

通过招投标方式选择适合的设计、施工、监理队伍和物资供应商、运营服务商等，控制各方的前期工程阶段、施工管理阶段、竣工验收阶段和全过程的物资供应，确保能源服务项目的顺利建设实施。

3. 运营

能源服务项目建设完成后，结合用户需要提供运营服务。项目建设完成后，依据用户需求确定项目是否转资。当设备转为用能单位自有设备时，用能单位可以自己运行，也可选择向第三方支付一定的委托运行费用从而委托第三方运行；当设备不为用能单位所有时，用能单位可以采取向运营方支付能源使用费来获取能源。

6.2.4 商业模式

区域能源互联网的实质是多能互补基础上的综合能源服务，互联网+平台的建立使得综合能源服务的商业模式更为多样化。通过界定能源服务项目的参与主体和实施环节，针对不同的用能单位需求制定合理的能源服务项目商业模式。

能源服务主体主要包括能源服务公司、投资方、供应商、用户四大主体，如图6-8所示。

1. 能源服务公司

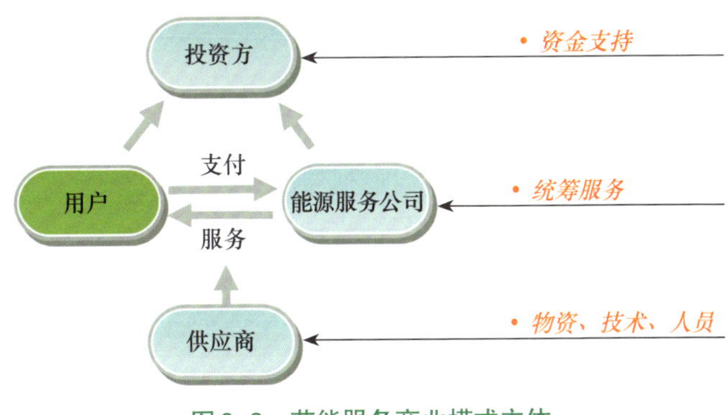

图6-8　节能服务商业模式主体

能源服务公司负责帮助用能单位解决能源运营改造的技术和执行问题、提供专业服务的第三方机构（节能服务公司、电力公司）。用能单位在分散风险的前提下与能源服务公司合作，由节能公司或电力公司作为市场服务的窗口，结合用能企业需求来提供规划、设计、投资、建设、运营等服务，达到企业能源使用、能源深度利用的效益。

2. 投资方

在能源服务中提供资金支持，辅助能源服务项目顺利开展。投资方可以是用户、节能服务公司、电力公司或是其他企业。投资形式可以是独立出资或者合资。投资方的资金支持模式，大大降低了用户的风险，加强了用户在能源服务项目上的积极性。

3. 供应商

供应商为能源服务公司提供规划、设计、建设、运营等服务，主要负责用能情况诊断、项目设计、融资、建设（施工、设备安装、调试）、运行管理的具体实施。供应商主要包括设计、施工、监理、设备、运行等方面的供应商。其中，设计公司支持能源前期设计，主要包括设计院、院校专业设计团队或者设计公司等；施工公司支持项目施工实施，主要包括送变电公司、外部建设公司、节能高新技术企业等；监理公司负责施工全过程监理工作，保证施工质量符合设计要求，主要涉及电力公司内部或外部的监理公司；设备供应商提供项目过程中的设备；运行供应商提供节能设备运行与运营服务，可以是公司内部集体企业、外部运行机构、用户。

4. 用户

用户提出能源服务的具体业务需求和合作方式建议，经与能源服务公司或其他企业合作，满足用户能源需求和降低能耗的需求。

6.2.5 效益分析

通过与常规供能方式进行对比，对综合能源供能的效益进行分析评估，见表6–6。

表6–6　供能方式对比

供能形式	行业	常规供能方案	综合能源供能方案
供热	商业和研发	市政供热	燃气锅炉、三联供、地源热泵为主+蓄热式电锅炉调峰
	居民和教育	市政供热	居民采用燃气锅炉； 教育采用分散式电采暖
供冷	商业和研发	冷水机组	三联供、地源热泵为主+冷水机组、冰蓄冷调峰
	居民和教育	分体式空调	居民采用分体式空调； 教育采用冷水机组
供电	—	市政为主、光伏为辅	市政为主、三联供和光伏为辅
供气	—	居民生活用气、供暖用气	居民生活用气、供暖、供冷用气

传统功能方案投资见表6–7，综合供能方案投资估算–供应商投资见表6–8，综合供能方案投资估算—用户投资见表6–9。

表6–7　传统供能方案投资

供能形式		设备配置	设备投资	年运行费用（万元/年）	收益（万元/年）	净收入（万元/年）	回收期（年）
热（冷）	设备投资	冷水机组（公建）	35571.60	5174.05	9701.35	4527.29	7.86
		分体空调（居民）	43167.54	3453.40	6475.13	3021.73	14.29
		燃气锅炉	86274.54	14181.38	21568.64	7387.26	1.68
		合计	121846.14	19355.43	31269.98	11914.55	0.23
热（冷）	红线外	供热（冷）管网	8611	—	—	—	—
	红线内	供热（冷）管网	24267.105	—	—	—	—

表6-8　综合供能方案投资估算—供应商投资

供能形式		设备配置	设备投资（万元）	年运行费用（万元/年）	收益（万元/年）	净收入（万元/年）	回收期（年）
供热（冷）	设备投资	三联供（燃气内燃机）（MW）	20570.40	144.00	3311.00	3167.00	6.50
		地源热泵（MW）	17142.86	3005.32	4966.00	1960.68	8.74
		蓄冰槽（m^3）	427.81	119.99	276.90	156.91	2.73
		蓄热式电锅炉	1714.29	471.33	659.20	187.87	9.12
		冷水机组（商业、研发、教育）	23529.41	3423.93	6419.88	2995.94	7.85
		燃气锅炉（MW）	21600.00	7136.16	14960.44	7824.27	2.76
		合计	84984.76	14300.73	30593.41	16292.68	5.22
	红线外	供热（冷）管网	6850	—	—	—	—
供气	红线外	燃气管网	4640	—	—	—	—
供电	红线外	变电站	13000	—	—	—	—
		线路	9239.04	—	—	—	—
		排管	11074	—	—	—	—

表6-9　综合供能方案投资估算—用户投资

供能形式		设备配置	设备投资（万元）	年运行费用（万元/年）	收益（万元/年）	净收入（万元/年）	回收期（年）
供热（冷）	设备投资	分散电采暖	2400.00	260.77	676.20	415.43	5.78
		分体空调（居民）	43170.00	3453.60	6475.50	3021.90	14.29
		合计	45570.00	3714.37	7151.70	3437.33	20.06
	红线内	供热（冷）管网	24267.105	—	—	—	—
供气	红线内	燃气管网	16178.07	—	—	—	—
供电	红线内	电网	59319.59	—	—	—	—

一、安全性

（1）供能可靠性提升：供电可靠性将达到99.999%；通过天然气、供热/冷设备的“四表合一”及信息化、自动化建设，将大幅提升区域能源故障抢修效率、提升区域供能可靠性。

（2）实现能源互联互通：区域以电能为中心、以天然气及储能（冷、热、电）设备为补充，形成能源来源多样化、各种能源互联互通，可以实现能源互补、提升区域能源安全性。

二、节能性

（1）综合能源管理平台及智能家居APP应用将实现5%~10%的节能：当前智能家居排名前十APP节能效率测算普遍能达到10%~20%；综合能源管理平台在能源生产侧、配置侧和消费侧开展多能控制，实现能源效率5%以上的提升。

（2）系统能效比提升1.24倍：传统方案和综合能源方案系统能效比分别为1.44和3.23，综合能源方案大幅提升了区域能源利用效率。

（3）应结合现状企业需求，推动冷热电三联供系统工业蒸汽的使用，以进一步提升能源利用效率。

三、经济性

（1）能源站经济性

电力投资：两方案均需建设2座110kV变电站。

天然气投资：两方案居民天然气投资相同；能源站天然气管网投资，综合能源方案<传统方案，投资方为天然气公司。

两种方案对比见表6-10。

表6-10　方案对比

方案	设备投资（万元）	年运行费用（万元/年）	收益（万元/年）	净收入（万元/年）	回收期（年）
常规方案	166232.64	19355.43	31269.98	11914.55	13.98
综合能源方案	129787.98	14300.73	30593.41	16292.68	7.98

（2）用户经济性

1）用能成本降低：用电方面，光伏项目预计发电量772.7万kWh；用冷方面，用户每供冷季能源费用可降低至30元/m²；用户通过消费侧智能控制可节约5%~10%的能源费用支出。

2）时间、人力成本降低：一体化供能、一站式服务，实现用户接入服务、缴费服务等30%以上的提速。

3）初期投资减少：采用能源站供能，节约了大量用户分体空调、冷水机组和自备燃气锅炉等投资。

6.2.6 经验总结

综合能源方案较传统能源方案，在安全性、节能型、经济性和环保性上均具有一定优势。

本项目需注意的内容有：

（1）区域供冷供热系统或能源系统总线的管网应作为基础投资，并分摊到土地招拍挂的费用之中。

（2）在示范区采用更为灵活的价格机制和节能鼓励政策，以促进电动汽车、储能等技术推广应用。

（3）由能源公司出资建设门站至能源站的天然气管网。

（4）结合项目建设进度，合理规划综合能源站建设时序，确保能源供应与区域建设协调发展。

（5）推进数据共享，实现多领域能源大数据的集成融合、共享共用和交易服务；支持技术创新，推动产学研无缝对接。

6.3　上海中心大厦燃气三联供结合电蓄冷蓄热项目

6.3.1 项目概况

莘庄CCHP项目，是上海市莘庄工业区联合中国华电集团公司（以下简称“华电集团”）共同开展的PPP项目，项目以特许经营的方式为基础，采用DBFO模式，即设计—建造—融资—运营模式，由华电集团成立项目公司——上海华电闵行能源有限公司（以下简称“华电闵行公司”），收购莘庄工业区现有供热设备，另选新址新建燃气热电冷三联供设施，在保证安全和稳定的前提下为莘庄工业区不间断地供热、供电、供冷。

2013年10月17日，项目一期工程开工，一期工程动态总投资100516万元，静态总投资98157万元，用于建设2套60MW级燃气—蒸汽联合循环机组，特许经营期30年（含建设期两年），项目主要依靠终端用户付费和售电收入来获取收益。

6.3.2 建设管理

合理选择具体运作模式，设计项目投融资结构、合同结构和监管结构。采用竞争性谈判的方式选择社会资本。采用DBFO模式，项目的投资、融资、设计、建造、运营、维护、管理和服务用户等职责均交由社会资本负责，对公共产品及服务的定价和监管、拨付投资补贴、落实优惠政策等工作依然由政府负责。

6.3.3 商业模式

本项目投融资结构如下：本项目所需资金共9.8亿元，其中商业银行贷款6亿元；华电集团利用该项目节能减排优势，清洁基金以可行性缺口补贴方式提供了2.8亿元清洁发展委托贷款（低息）；上海市财政为该项目提供2000万元可行性缺口补贴；华电新能源公司为项目公司注入8000万元自有资金。

莘庄工业区供热、供冷特许经营权由项目公司获得，项目相关的生产设施及配套管网的投资、建设与运营工作由项目公司负责，同时政府会收购或补偿原有供热站的资产。项目建成以后，终端用户直接支付用热、用冷费用给项目公司，同时项目公司还可以向电力公司收取购电费。

项目投产后，华电闵行公司为工业区内的用户安全、稳定、不间断地供热、供冷，同时发电并网，终端用户付费和售电收入是其主要的收入来源。项目所处的上海泗泾电网一直存在较大的电力缺口，供电紧张，项目投运后可用于满足莘庄工业区范围内的部分负荷需求，在一定程度上减轻当地电网供电压力。

根据协议约定，项目建成后华电闵行公司应按照莘庄供热公司届时的蒸汽价格销售给原有用户和西区范围内的用户，在政府有关部门没有出台新的汽价政策前，华电闵行公司暂不上调供汽价格。对于新纳入工业区范围内的蒸汽用户，蒸汽价格不得高于当时政府的指导价，新纳入新区的用户享受下浮5%的优惠。为弥补华电闵行公司从终端用户处收费的不足，政府提供了投资补贴、土地定向招拍挂等一系列扶持政策。

6.3.4 效益评估

首先，运用PPP模式操作项目可以将政府当前无力负担的初始投资交由社会资本投资，并使其通过最终用户的长期付费获利，降低政府财政负担。在莘庄CCHP项目中，总投资约978亿元人民币，其中项目公司自有资金8000万元，可行性缺口补贴（VGF）包括清洁基金清洁发展委托贷款2.8亿元和上海市财政局补贴2000万元，商业银行贷款6亿元，通过这种多元化的融资模式，地方政府近期投资预算减轻了9.6亿元。

其次，社会资本方负责项目运作将使其有更大动力降低成本提高自身收益水平，克服政府提供方式下预算体制缺陷导致的成本管理问题，项目全生命周期成本整体得到降低。由于莘庄CCHP项目的发起方式是民间自提，项目前期工作中有华电集团的充分参与，这使得项目的技术水平提高，经济可行性加大，前期工作时间缩短，前期费用减少。后续的建设运营阶段，项目公司在保证产出达标的情况下，也会尽可能降低成本以提高收益，这使得华电项目的全生命周期成本控制在相对较低的水平。

一、企业经济影响

在机组年利用小时数为5500h，天然气价格2.30元/m^3，上网电价755.68元/MWh的条件下，该项目预期盈利能力良好，将为项目公司带来较高的财务效益，符合华电新能源发展有限公司与华电集团的经济利益。

二、外部经济效益

该项目自身良好的外部经济效益将为工业区发展、区域经济建设和市政建设做出显著贡献，主要体现在以下两方面：

1. 政府税收增加

在项目经营期间，预计平均每年上缴企业所得税约为1238万元，上缴增值税3287万元，上缴城市维护建设税和教育附加费约294万元，从而增加国家财政和地方财政税收额约4919万元。

2. 区域发展加速

莘庄CCHP项目的建设将使莘庄工业区具备更强的供热（冷）能力，除了满足当地用气和采暖（制冷）的需求外，电厂每年（按照正常年份估算）将向社会提供电力556GWh、热力116万GJ，增加的电力、热力供应使得社会生产潜能得以释放，为当地经济的蓬勃发展提供强有力的热力和电力支持，产生了较好的经济性。

三、环境效益

1. 减少排放

燃气热电冷三联供项目在降低碳和污染空气的排放物方面具有较好的表现，改造项目建成后，将不再向空气中排放烟尘，大大降低了二氧化碳和氮氧化物排放量，从而改善该区域空气污染现状，提高当地空气质量。莘庄CCHP项目一期工程将取代莘庄工业区内的小容量燃煤热电机组和小锅炉，一期小锅炉总蒸发量达186.5t/h，可减少年燃煤量41850t/a，减少二氧化碳排放量约325235t/a，二氧化碳排放量约250t/a，烟尘排放量约4160t/a。

因此，积极发展天然气分布式能源，使用清洁能源，改善电力工业对环境的影响，降低能源结构中的耗煤比重，减少环境污染，能更好地促进上海乃至全国以环境友好方式利用资源、保护环境、调整能源结构、提高能源利用水平，最终走上经济的可持续发展之路。

2. 节约能源

燃气热电冷三联供系统通过对能源的梯级式利用，将有效提高能源的综合利用率。从该项目的技术运作来看，在采用高效能发电机组的基础上，将燃机排气余热回收利用，进行抽气供热，进一步降低冷源损失，同时利用余热锅炉的低压蒸汽作为溴化锂机组的驱动蒸汽，实现了节能的目的。

3. 社会效益

莘庄CCHP项目建成后主要担负着莘庄工业区范围内工业用汽和采暖（供冷）的任务，从而在整体上改善莘庄工业区的投资环境，提升莘庄工业区的档次，为新入驻莘庄工业区的企业提供良好的生产运营条件。在区域发展层面，保障了地区发展的公共利益，有利于地区产业结构调整，提高区域竞争力，形成区域经济效应。

该项目的成功运作将对我国其他地区发展分布式能源、促进区域经济可持续发展产生良好的示范效应，并有利于鼓励创新和新能源新技术的发展应用。

6.3.5 经验总结

燃气热、电、冷三联供机组在莘庄CCHP项目中的成功应用可大大提高其能源利用效率。通常，大型燃煤发电厂的发电效率为30%~40%，而三联供技术通过一次能源的梯级利用可使能源利用效率提高到80%~90%，且不存在输电损耗。

莘庄工业区大型企业众多，热能需求量巨大。由于地域和历史因素，该地区分散式小锅炉众多，现有供热站效率低、能耗高、污染大，给地区节能减排工作带来巨大压力。在降低碳排放和大气污染物排放方面，燃气热电冷三联供技术有较大优势；据估算，如果燃气热电冷三联供技术在当前建筑实施的比例能够从4%提高到8%，二氧化碳排放量到2020年可以下降30%。

由于PPP项目普遍时间较长，一般短的也要十年左右，长的甚至达到二三十年，在如此长的项目周期里，社会资本方的利益会受到各种因素的影响，不确定性较大，为了保障投资方利益，可以考虑通过资产证券化的方式，让风险收益相匹配的资金在资本市场上完成对接。虽然这其中也存在不少问题，例如收费权的长期风险定价如何确定，而该类权益能否成为质押标的在法律层面也存在争议，但依然可以作为一个发展方向去努力。

参考文献

[1] 洪居华，刘俊勇，等．城市能源互联网初步认识与研究展望[J]. 电力自动化备，2017，37（6）：15~25.

[2] 张世翔，苗安康．能源互联网支撑智慧城市发展[J]. 中国电力，2016，49（3）：12~18.

[3] 黄仁乐，蒲天骄，等．城市能源互联网功能体系及应用方案设计[J]. 电力系统自动化，2015，39（9）：26~33.

[4] 王成山，王守相．分布式发电供能系统若干问题研究[J]. 电力系统自动化，2008，32（20）：1~4.

[5] 朱建文，石琳．天然气冷热电联产系统的应用与发展[J]. 华北技术，2014，36（10）：73~76.

[6] 贾宏杰，穆云飞，等．对我国综合能源系统发展的思考[J]. 电力建设，2015，36（1）：16~25.

[7] 余晓丹，徐宪东，等．综合能源系统与能源互联网简述[J]. 电工技术学报，2016，31（1）：1~13.

[8] 封红丽．国内外综合能源服务发展现状及商业模式研究[J]. 产业观察，2017，6：34~42.

[9] 国网能源研究院．2014 世界能源与电力发展状况分析报告[R]. 北京：中国电力出版社，2014.

[10] 吴建中．欧洲综合能源系统发展的驱动与现状[J]. 电力系统自动化，2016，40（5）：3~5.

[11] 尹晨晖，杨德昌，等．德国能源互联网项目总结及其对我国的启示[J]. 电网技术，2015，39（11）：43~44.

[12] 郝文华，赵国杰，等．低碳生态城市的区域发展协调研究：以中新天津生态城为例[J]. 城市发展研究，2012，19(4)：28~33.

[13] 沈镭，刘立涛，等．中国能源资源的数量、流动与功能分析[J]. 资源科学，2012，34(9)：1611~1621.

[14] 范德成，王韶华，等．低碳经济目标下一次能源消费结构影响因素分析[J]. 资源科学，2012，34（4）：696~703.

[15] 胡学浩．智能电网：未来电网的发展态势[J]. 电网技术，2009，33（14）：1~5.

[16] 郭霞．中德生态园：探索明日之城[J]. 商周刊，2013（22）：36~37.
[17] 贺仁飞．中国生物质能的地区分布及开发利用评价[D]. 兰州大学，2013.
[18] 王贵玲，刘志明，等．中国地热资源潜力评估[J]. 中国地质，2013，2：14~25.
[19] 王彦博．地区电网供电能力分析系统研究[D]. 华北电力大学，2012.
[20] 尹祥，赵先勤．城市高压管网供气能力评估与调配初探[J]. 燃气技术，2016，11：14~20.
[21] 陶川．基于贝叶斯理论的区域建筑冷热负荷预测模型的应用研究[D]. 湖南大学，2015.
[22] 李胜涛．集中供热系统的热负荷预测方法研究[D]. 长安大学，2014.
[23] 周潮，邢文洋，李宇龙．电力系统负荷预测方法综述[J]. 电源学报，2012，6：32~39.
[24] 于波，吴亮，卢欣，张鹏．区域综合能源系统优化调度方法[J]. 电力建设，2016，37（1）：70~76.
[25] 赵波．微电网优化配置关键技术及应用[M]. 科学出版社，2015.
[26] Jin H, Hong H, Wang B, et al. A new principle of synthetic cascade utilization of chemical energy and physical energy[J]. Science in China Series E: Technological Sciences, 2005, 48(2):163~179.
[27] Stanislav P, Bryan K, Tihomir M. Smart Grids better with integrated energy system[C]. Electrical Power & Energy Conference (EPEC), IEEE, 2009: 1~8.
[28] 刘柏良，黄学良，等．计及可时移负荷的海岛微网电源优化配置[J]. 中国电机工程学报，2014，34（25）：4250~4258.
[29] 王成山，李鹏．分布式发电、微网与智能配电网的发展与挑战[J]. 电力系统自动化，2010，34（2）：10~14.
[30] Rong A Y, Lahdelma R. An efficient linear programming model and optimization algorithm for trigeneration [J]. Applied Energy, 2005, 82(1): 40~63.
[31] Mehleri E D, Sarimveis H, Markatos N C, et al. A mathematical programming approach for optimal design of distributed energy systems at the neighbourhood level [J]. Energy, 2012.
[32] Wang JJ, Jing YY,et al. Optimization of capacity and operation for CCHP system by genetic algorithm [J]. Applied Energy, 2010, 87(4): 1325~1335.
[33] Wang JJ, Zhai ZQ, et al. Optimization design of BCHP system to maximize to save energy and reduce environmental impact [J]. Energy, 2010, 35(8): 3388~3398.
[34] Meybodi MA, Behnia M. Impact of carbon tax on internal combustion engine size selection in a medium scale CHP system [J]. Applied Energy, 2011, 88(12): 5153~5163.
[35] Wang JJ, Jing YY, et al. A fuzzy multi-criteria decision-making model for trigeneration system [J]. Energy Policy, 2008, 36(10): 3823~3832.
[36] Zhou Z, Liu P, Li Z, et al. An engineering approach to the optimal design of distributed energy systems in China [J]. Applied Thermal Engineering, 2012.
[37] 黎静华，桑川川．能源综合系统优化规划与运行框架[J]. 电力建设，2015，36（8）：41~48.
[38] 田卫华等．基于园区的冷热电多种能源系统设计与应用[J]. 黑龙江科技信息，2014，33：120~122.
[39] 郭力，刘文建，等．独立微网系统的多目标优化规划设计方法[J]. 中国电机工程学报，2014，34（4）：524~536.

[40] 刘长杰. 物联网蓄能电锅炉技术及应用研究[D]. 长春：吉林大学，2011.
[41] 朱文莉. 既有居住建筑中太阳能热水系统的应用[D]. 天津：天津大学，2007.
[42] 刘梦璇，王成山，郭力等. 基于多目标的独立微电网优化设计方法[J]. 电力系统自动化，2012，36（17）：34~39.
[43] 廖大强，邬依林，印鉴. 基于禁忌搜索算法的线路规划方案求解[J]. 计算机工程与设计，2015，36（5）：1368~1374.
[44] 李佳，刘天琪，李兴源，等. 改进粒子群—禁忌搜索算法在多目标无功优化中的应用[J]. 电力自动化设备，2014，34（8）：71~77.
[45] 刘峰. 北方既有城市社区能源优化集成系统综合评价研究[D]. 山东建筑大学，2014
[46] 王晓燕，杨洋. 基于TOPSIS法的综合能源企业项目投资评估研究[J]. 煤炭工程，2015，47（6）：140~142.
[47] 李富生，李瑞生，等. 微电网技术及工程应用. 北京：中国电力出版社，2011.
[48] 丁小伍. LonWorks总线实时性分析及应用[D]. 天津：天津大学，2005：2~3.
[49] 刘广. LonWorks现场总线设备驱动设计与实现[J]. 可编程控制器与工厂自动化，2006（3）：18~26.
[50] 阳宪惠. 工业数据通信与控制网络[M]. 北京：清华大学出版社，2003：343~366.
[51] 冯晓东，刘长龄，等. LonWorks智能控制节点I/O电路的设计[J]. 测控技术，2001（10）：46~49.
[52] 任清珍，王宁芳. 基于LonWorks总线的高速数据采集节点的实现[J]. 中国仪器仪表，2003（4）：10~12.
[53] 万至臻. 基于MapReduce模型的并行计算平台的设计与实现[D]. 杭州：浙江大学，2008.
[54] 周亮. 基于粗糙集的大数据集挖掘算法研究与实现[D]. 镇江：江苏大学，2010.
[55] 朱珠. 基于Hadoop的海量数据处理模型研究与应用[D]. 北京：北京邮电大学，2008.
[56] 王珊，王会举，等. 架构大数据：挑战、现状和展望[J]. 计算机学报，2011，34（10）：1741~1752.
[57] 覃雄派，王会举，等. 大数据分析—RDBMS与MapReduce的竞争与共生[J]. 软件学报，2012，23（1）：32~45.
[58] 樊伟红，李晨晖，张兴旺. 图书馆需要怎样的大数据[J]. 图书馆杂志，2012，5（11）：63~68，77.
[59] 张兴旺，李晨晖，麦范金，等. 挑战与创新：重新审视云图书馆构建的技术走向[J]. 情报资料工作，2012，8（4）：37~41.
[60] 刘星月. 含分布式能源微网系统的能量优化[D]. 合肥工业大学，2015.
[61] 唐沂媛. 冷热电联供 / 综合能源系统的规划研究[D]. 东南大学，2016.
[62] 石可颂. 冷热电联供系统控制策略与优化调度研究[D]. 山东大学，2015.
[63] 彭树勇. 冷热电联供型微电网优化配置与运行研究[D]. 西南交通大学，2014.
[64] 白雪松. 区域热泵能源系统的节能优化分析[D]. 河北工程大学，2016.
[65] 周念成，郭燕，等. 飞轮储能系统建模及提高配电网暂态稳定性的研究[J]. 华东电力，2011，5：724~728.
[66] 宛超. 盘式蓄冰槽的数值模拟及实验研究[D]. 中南大学，2010.
[67] 赵波. 微电网优化配置关键技术及应用[M]. 北京：科学出版社，2015.

[68] Jin H, Hong H, et al. A new principle of synthetic cascade utilization of chemical energy and physical energy[J]. Science in China Series E: Technological Sciences, 2005, 48(2):163~179.

[69] Stanislav P, Bryan K, et al M. Smart Grids better with integrated energy system[C]. Electrical Power & Energy Conference (EPEC), IEEE, 2009: 1~8.

[70] 刘柏良，黄学良，等. 计及可时移负荷的海岛微网电源优化配置[J]. 中国电机工程学报，2014，34（25）：4250~4258.

[71] Sahin C, Shahidehpour M, Erkmen I. Generation risk assessment in volatile conditions with wind, hydro, and natural gas units [J]. Applied Energy, 2012, 96: 4~11.

[72] Alabdulwahab A, Abusorrah A, et al. Coordination of interdependent natural gas and electricity infrastructures for firming the variability of wind energy in stochastic day-ahead scheduling [J]. IEEE Transactions on Sustainable Energy, 2015, 6(2): 606~615.

[73] Kamalinia S, Wu L, Shahidehpour M. Stochastic midterm coordination of hydro and natural gas flexibilities for wind energy integration [J]. IEEE Trans on Power Systems, 2014, 5(4): 1070~1079.

[74] Awad B, Chaudry M, Wu J, et al. Integrated optimal power flow for electric power and heat in a microgrid[C]//Proceedings of the 20th International Conference and Exhibition on Electricity Distribution. Prague, Czech Republic: IEEE, 2009: 1~2.

[75] 周任军，冉晓洪，等. 分布式冷热电三联供系统节能协调优化调度[J]. 电网技术，2012，36（6）：8~14.

[76] 刘长杰. 物联网蓄能电锅炉技术及应用研究[D]. 长春：吉林大学，2011.

[77] 朱文莉. 既有居住建筑中太阳能热水系统的应用[D]. 天津：天津大学，2007.

[78] SWARDT D. A performance comparison between an air-source and a ground source reversibIe heat pump [J]. InternationaI J of Energy Research, 2001, 25(10): 899~910.

[79] Zhang P,Ma Z W.An overview of fundamental studies and apphcations of phase change material slurries to secondary loop refrigeration and air conditioning systems [J]. Renewable and Sustainable Energy Reviews, 2012, 16(7): 5021~5058.

[80] 江栩铄. 基于多能源互补的分布式冷热联供系统的数学建模及优化运行研究[D]. 华南理工大学，2014.

[81] 徐宪东. 电气热微型能源系统的建模仿真与能量管理研究[D]. 天津大学，2014.

[82] 肖浩裴玮. 综合能源微网运行优化调度方法研究[J]. 电工电能新技术，2016，35（12）：1~11.

[83] 曹军威，孟坤，等. 能源互联网与能源路由器[J]. 中国科学：信息科学，2014，44（6）：714~727.

[84] 董朝阳，赵俊华，等. 从智能电网到能源互联网：基本概念与研究框架[J]. 电力系统自动化，2014.

[85] 刘振亚. 全球能源互联网[M]. 北京：中国电力出版社，2015.

[86] 田世明，栾文鹏，等. 能源互联网技术形态与关键技术[J]. 中国电机工程学报，2015，35（15）：3482~3494.

[87] 余贻鑫，秦超. 智能电网基本理念阐释[J]. 中国科学：信息科学，2014，44（6）：694~701.

[88] 查亚兵，张涛，等. 能源互联网关键技术分析[J]. 中国科学：信息科学，2014，44（6）：

702~713.

[89] 袁小明，程时杰，等. 储能技术在解决大规模风电并网问题中的应用前景分析[J]. 电力系统自动化，2013，37（1）：14~18.

[90] 王松岑，来小康，程时杰. 大规模储能技术在电力系统中的应用前景分析[J]. 电力系统自动化，2013，37（1）：3~8.

[91] 罗星，王吉红，等. 储能技术综述及其在智能电网中的应用展望[J]. 智能电网，2014，2（1）：7~12.

[92] 周林，黄勇，等. 微电网储能技术研究综述[J]. 电力系统保护与控制，2011，39（7）：147~152.

[93] 慈松，李宏佳，等. 能源互联网重要基础支撑：分布式储能技术的探索与实践[J]. 中国科学：信息科学，2014，44（6）：762~773.

[94] 荆平，徐桂芝，等. 面向全球能源互联网的大容量储能技术[J]. 智能电网，2015，3（6）：486~492.

[95] 张文亮，丘明，等. 储能技术在电力系统中的应用[J]. 电网技术，2008，32（7）：1~9.

[96] 李廷贤，李卉，等. 大容量热化学吸附储热原理及性能分析[J]. 储能科学与技术，2014，3（3）：236~242.

[97] 候明，衣宝廉. 燃料电池技术发展现状与展望[J]. 电化学，2012，18（1）：1~10.

[98] 田立亭，张明霞，等. 电动汽车对电网影响的评估和解决方案[J]. 中国电机工程学报，2012，32（31）：43~49.

[99] 郑乐，胡伟，等. 储能系统用于提高风电接入的规划和运行综合优化模型[J]. 中国电机工程学报，2014，34（16）：2533~2543.

[100] 徐飞，闵勇，等. 包含大容量储热的电–热联合系统[J]. 中国电机工程学报，2014，34（29）：5063~5072

[101] 崔剑平，赵振，等. PLC和触摸屏在控制系统中的应用[J]. 机械工程与自动化，2007（8）：160~161.

[102] 蒋群峰，朱弋宏. 浅谈城市市政共同沟[J]. 有色冶金设计与研究，2001，22（3）：46~53.

[103] 熊晓亮，刘恒新，等. 城市地下综合管廊建设探讨[J]. 城市勘测，2016（2）：148~150.

[104] 焦军. PPP在综合管廊中的应用[J]. 混凝土世界，2016（4）：14~17.

[105] 吕晓宇. 城市市政建设模式的新探索："鸿宇市政弱电综合管廊"和"鸿宇市政管廊"[J]. 城乡建设，2003（12）：14~15.

[106] 周江华. 采用BT模式进行项目运作相关问题的探讨[J]. 铁道工程学报，2005（4）：73~77.

[107] 何健. 横琴新区城市地下综合管廊的建设实践与思考[J]. 安装，2015（10）：18~20.

[108] 范翔. 城市综合管廊工程重要节点设计探讨[J]. 给水排水，2016，42（1）：117~122.

[109] 王秀英，刘维宁，等. 预切槽技术及其应用中的关键技术问题[J]. 现代隧道技术，2011，48（3）：22~27.

[110] 许海岩，苏亚鹏，等. 城市地下综合管廊施工技术研究与应用[J]. 安装，2015（10）：21~23，30.